VERBS EN INGLÉS

QUE DEBERÍAS CONOCER

Vaughan

Concepto original: Richard Brown

Autoras: Julia Nowicki y Siobhán O'Connor

Dirección editorial: Rubén Palomero

Coordinación del proyecto: Julia Nowicki

Edición: Carmen Vallejo

Corrección del inglés: Richard Brown, Renee Friel,
Rahima Wantens, Aindrias Fitzgerald

Corrección del español: Carmen Vallejo

Diseño: Jacobo Lamas (zeromm.es) y Alejando González

Imprime: Naturprint

Primera edición: 2018

ISBN: 978-84-16667-32-1

Dep. Legal: M-13529-2018

Calle Orense, 69, planta 1
28020 Madrid
Tel: 91 444 58 44
www.grupovaughan.com
www.vaughantienda.com

How to download the audio

Cómo descargar el audio

1

Go to http://audios.vaughantienda.com and click on **"REGÍSTRATE"** to create an account.

Entra en http://audios.vaughantienda.com y pulsa en **"REGÍSTRATE"** para crear tu cuenta.

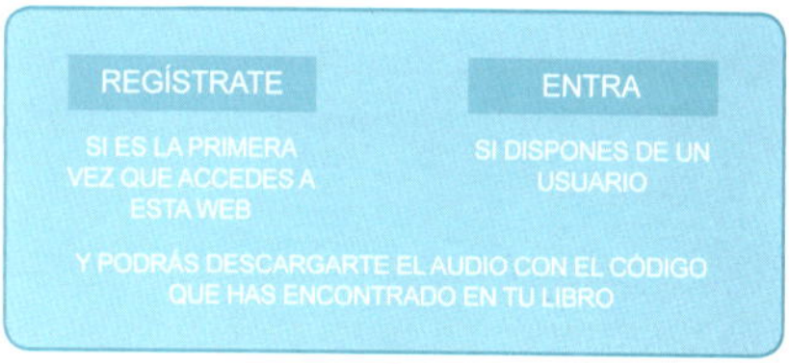

2

Introduce the code: **0505VAUGHAN201801** and click the **"Agregar código"** button.

Introduce la clave: **0505VAUGHAN201801** y pulsa en **"Agregar código"**.

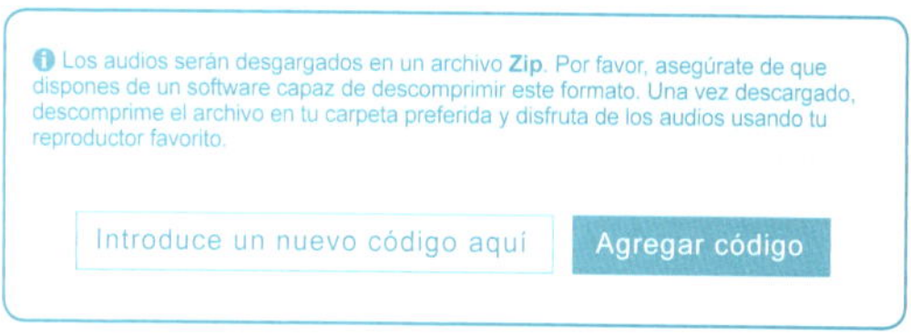

3

A message will appear indicating the audio has loaded and an **image of this book** will appear.

Aparecerá un mensaje indicando que el audio se ha cargado y verás una **imagen de este libro**.

4

Place your mouse over the image of the book and **click on the speaker icon** in order to download the audio file onto your device.

Pasa el ratón sobre la imagen del libro y **pulsa sobre el icono del altavoz** para descargar el audio en tu dispositivo.

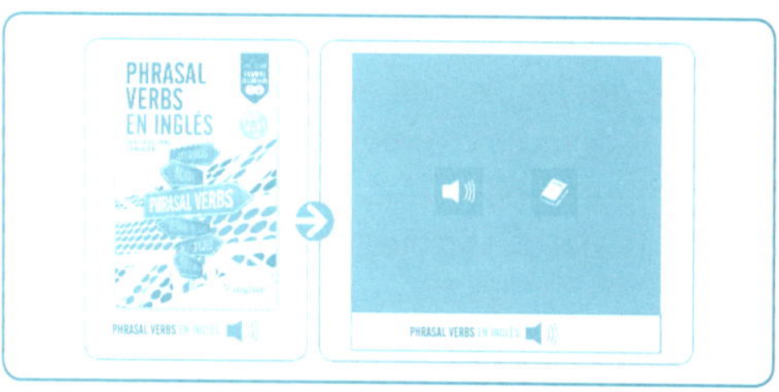

WELCOME TO PHRASAL VERBS!

Hemos creado este libro como un manual de referencia y consulta en el que encontrarás los verbos compuestos más relevantes del inglés. Asimismo es una herramienta muy útil para llegar a dominarlos, ya que incluye muchos ejemplos junto con su traducción al español, lo cual te permitirá trabajar los verbos compuestos en contextos reales con el inconfundible estilo **Vaughan**.

Este libro está pensado para que lo lleves contigo a todas partes y puedas así aprovechar cualquier ocasión para ampliar tus conocimientos del inglés. Viene acompañado de un audio descargable que pretende cubrir dos objetivos:

- agudizar tu oído a través de las distintas frases que te presentamos y
- conseguir la correcta pronunciación de las tres formas de cada verbo.

Verás que presentamos cada verbo compuesto de la siguiente manera:

- un ejemplo en el que el verbo aparece en su forma básica (presente simple/imperativo/futuro, etc.);
- un ejemplo en pasado simple;
- un ejemplo que utiliza el participio del verbo siempre cuando sea natural.

Además, incluimos la pronunciación de cada una de las partes del verbo basándonos en la **Fonética Vaughan**, que ha sido desarrollada específicamente para hispanohablantes. Ésta tiene como objetivo aproximarse lo máximo posible a la pronunciación correcta sin recurrir a los complicados signos del alfabeto fonético internacional.

Antes de comenzar, te damos dos consejos que has de tener en cuenta:

- Algunos verbos compuestos son regulares mientras que otros son irregulares por lo que, igual que en los libros *Verbos irregulares en inglés que deberías conocer* y *Verbos regulares en inglés que deberías conocer*, hace falta aprender tres formas: la forma básica, la del pasado simple y la del participio. Pero no te asustes, ¡son mucho más sencillos de lo que piensas! La gran ventaja del inglés es que los verbos apenas se conjugan, por lo que solo hay que aprenderse tres formas.

- Los verbos, sean regulares o irregulares, se aprenden practicándolos en voz alta y dentro de contextos reales. De poco sirve memorizar las tres formas del verbo como un loro (*"wake up, woke up, woken up"*, etc.) si no eres capaz de llevarlas a la práctica. Por ello, te animamos a que practiques los verbos en estructuras sencillas como **every day**, **yesterday** y **lately** que dan un contexto, por ejemplo:

  - **Every day, I wake up at 7 o'clock.**
    (Todos los días me despierto a las 7.)
  - **Yesterday, I woke up at 7 o'clock.**
    (Ayer me desperté a las 7.)
  - **Lately, I've woken up at 7 o'clock.**
    (Últimamente me he despertado a las 7.)

Ten en cuenta que en este libro no solo hemos recogido *phrasal verbs*, sino también los llamados *prepositional verbs*, aunque hemos preferido no hacer una distinción para que el aprendizaje te sea más fácil. Dicho esto, ¡conviene saber cuáles son las diferencias!

¿Qué es un *phrasal verb*?

En términos generales, un *phrasal verb* es la combinación de un verbo junto con una preposición y/o un adverbio que hace que el significado sea diferente del que tiene cada una de las partes. Por ejemplo, **to give up** está compuesto por **to give** **(dar)** y **up** **(hacia arriba)**, sin embargo, significa **abandonar** o **rendirse**.

Cuando un *phrasal verb* se acompaña de un complemento directo, como por ejemplo **to turn on** **(encender)**, se le considera un *phrasal verb* separable. ¿Qué significa eso? Pues que el complemento directo (por ejemplo, **the light**) puede colocarse antes o después de la preposición.

Fíjate:

✔ **Turn the light on.**
✔ **Turn on the light.**

Sin embargo, cuando el complemento directo es un pronombre (como **it**), este sí o sí debe colocarse entre el verbo y su componente:

✔ **Turn it on.**
✖ *Turn on it.*

¿Qué es un *prepositional verb?*

Un *prepositional verb* o verbo preposicional es un verbo que va acompañado de una preposición que no altera su significado. Por ejemplo, **to depend on (depender de)**, **to look at (mirar a)** o **to agree with (estar de acuerdo con)**. Los verbos preposicionales no tienen complemento directo, así que no hay que preocuparse por saber si es separable o no. Al igual que en español, no separamos el verbo de la preposición:

- **to depend on – depender de**
  ✔ **It depends on his decision.**
  ✖ *It depends his decision on.*

· PASOS PARA SACAR EL MAYOR PROVECHO A ESTE LIBRO:

1. Descárgate el audio. Es imprescindible tanto para tu comprensión auditiva como para tu pronunciación.

2. Empieza a estudiar los ejemplos que te presentamos, limitándote a una página por día y escucha los audios previamente descargados para que el aprendizaje sea más efectivo.

4. Practica siempre los ejemplos en voz alta, primero con el texto delante y luego tapando el inglés.

3. Forma frases tú mismo/a con estructuras básicas como **every day**, **yesterday** y **lately** como explicamos en la sección anterior. Te permitirá trabajar los tiempos verbales y mejorar tu fluidez.

5. Repasa de forma regular todo lo que vayas aprendiendo.

6. **¡Disfrútalo!**

154 FILL IN — FILLED IN — FILLED IN

/filín/ — /fil din/ — /fil din/

PONER AL TANTO

Siéntate. Te tengo que poner al día de lo que ha estado pasando.	Sit down. I have to **fill** you **in** about what has been going on.
Ella lo sabe. La puse al tanto.	She knows. I **filled** her **in**.
¿Ya has puesto al tanto a tu equipo?	Have you **filled in** your team yet?

155 FILL OUT* — FILLED OUT — FILLED OUT

/filáut/ — /fil dáut/ — /fil dáut/

RELLENAR, COMPLETAR

Rellena este formulario, por favor.	**Fill out** this form, please.
Ella rellenó los papeles de su visado.	She **filled out** her visa papers.
No has puesto tu nombre aquí.	You haven't **filled out** your name here.

*También podemos emplear la preposición **in** para decir **rellenar** o **completar**. Sería **to fill in a form**, por ejemplo.

156 FILL UP — FILLED UP — FILLED UP

/filáp/ — /fil dáp/ — /fil dáp/

LLENAR

Me apetece otro café. ¿Podrías llenar mi taza, por favor?	I feel like another coffee. Could you please **fill up** my cup?
Ella fue a la gasolinera y llenó el depósito.	She went to the gas station and **filled up** the car.
He llenado la nevera para esta noche.	I've **filled up** the fridge for tonight.

CÓMO UTILIZAR ESTE LIBRO:

En este libro encontrarás distintos elementos o símbolos que te ayudarán a consolidar tu aprendizaje. A continuación te damos una breve descripción de los mismos:

154 FI /fi	**Número de pista:** Cada verbo se corresponde con un número de pista que podrás escuchar en el audio descargable. En la página **3** puedes ver las instrucciones de descarga del mismo.
FILLED IN /fil din/ FILLED /fil din/	**Verbo en sus tres formas:** Verbo básico, pasado simple y participio.
FILLED IN /fil din/	**Pronunciación:** Basada en la **Fonética Vaughan** que ha sido desarrollada específicamente para hispanohablantes.
FILL OUT* /filáut/	**Asterisco:** Indica que ese verbo también admite otra forma alternativa regular, otro adverbio u otra preposición.

1 ABIDE BY

ABIDE BY	ABIDED BY	ABIDED BY	ATENERSE A
/abáid bái/	/abáided bái/	/abáided bái/	

Él se atiene a las reglas.	He **abides by** the rules.
Ella se atuvo a la decisión de su entrenador.	She **abided by** her coach's decision.
Los abogados se han atenido al veredicto del juez.	The lawyers have **abided by** the judge's verdict.

2 ACCOUNT FOR

ACCOUNT FOR	ACCOUNTED FOR	ACCOUNTED FOR	JUSTIFICAR, EXPLICAR
/akáunt foo(r)/	/akáuntid foo(r)/	/akáuntid foo(r)/	

Ella no puede justificar la transacción.	She can't **account for** the transaction.
Ella justificó hasta el último penique.	She **accounted for** every last penny.
Las nuevas inversiones se deben a la fusión.	The merger has **accounted for** new investments.

3 ACT LIKE

ACT LIKE	ACTED LIKE	ACTED LIKE	ACTUAR COMO, PORTARSE COMO
/akt láik/	/áktid láik/	/áktid láik/	

Te estás portando como un niño de tres años.	You're **acting like** a three-year-old.
Ella se portó como una niña.	She **acted like** a child.
Él lleva actuando así desde el accidente.	He's **acted like** that ever since the accident.

4 **ACT UP** /aktáp/ | **ACTED UP** /aktidáp/ | **ACTED UP** /aktidáp/ | **PORTARSE MAL, NO ESTAR BIEN**

Mi hija se está portando mal una vez más.	My daughter is **acting up** yet again.
A él le dolía la rodilla.	His knee was **acting up**.
Mi ordenador nunca antes ha ido tan mal.	My computer's never **acted up** like this before.

5 **ADD IN** /addín/ | **ADDED IN** /adidín/ | **ADDED IN** /adidín/ | **AÑADIR, AGREGAR**

Añade la harina.	**Add in** the flour.
Te agregué al grupo.	I **added** you **in** the group.
He añadido un poco de sal a la masa.	I've **added in** some salt to the dough.

6 **ADD UP** /adáp/ | **ADDED UP** /adidáp/ | **ADDED UP** /adidáp/ | **SUMAR**

No salen las cuentas.	This doesn't **add up**.
Sumé todas las cantidades.	I **added up** all of the amounts.
He sumado todos nuestros gastos.	I've **added up** all our expenses.

7 **AGREE ON** /agríion/ | **AGREED ON** /agríidon/ | **AGREED ON** /agríidon/ | **ACORDAR, PONERSE DE ACUERDO EN**

Acordemos la fecha.	Let's **agree on** the date.
No se pusieron de acuerdo con los términos.	They didn't **agree on** the terms.
¿Habéis acordado el menú de la boda?	Have you **agreed on** the wedding menu?

8 **ALLOW FOR** /aláu foo(r)/ | **ALLOWED FOR** /aláud foo(r)/ | **ALLOWED FOR** /aláud foo(r)/ | **PERMITIR**

No puedo permitir que pase esto.	I can't **allow for** this to happen.
Él permitió que se despidiera a gente de forma masiva.	He **allowed for** massive layoffs to happen.
Hasta ahora ella no ha permitido que se aceptase ninguna de las ofertas.	So far, she hasn't **allowed for** any of the offers to be accepted.

9 **ANSWER BACK** /áansssa bak/ | **ANSWERED BACK** /áansssad bak/ | **ANSWERED BACK** /áansssad bak/ | **RESPONDER, CONTESTAR (DE MANERA MALEDUCADA)**

¡Ni se te ocurra contestar a tu profesor!	Never **answer** your teacher **back**!
A mi madre le volvía loca que mi hermano le contestara.	It used to drive my mum crazy when my brother **answered back**.
Nunca he contestado mal a mis padres.	I've never **answered** my parents **back**.

10 **APPLY FOR** /apláі foo(r)/ | **APPLIED FOR** /apláid foo(r)/ | **APPLIED FOR** /apláid foo(r)/ — **SOLICITAR**

¿Por qué no lo solicitas?	Why don't you apply for it?
Solicitaron el puesto de docente.	They applied for the teaching role.
Él ya ha solicitado el trabajo.	He's already applied for the job.

11 **ASK AFTER SOMEONE** /aasss káafta sssámuan/ | **ASKED AFTER SOMEONE** /aasssk táafta sssámuan/ | **ASKED AFTER SOMEONE** /aasssk táafta sssámuan/ — **PREGUNTAR POR**

¿Por quién preguntas?	Who are you asking after?
Peter llamó y preguntó por Mary.	Peter called and asked after Mary.
¿Has preguntando por tu jefa?	Have you asked after your boss?

12 **ASK FOR** /aasssk foo(r)/ | **ASKED FOR** /aassskt foo(r)/ | **ASKED FOR** /aassskt foo(r)/ — **PEDIR**

¿Te puedo pedir un favor?	Can I ask you for a favor?
Pidieron permiso.	They asked for permission.
Se lo he pedido a él.	I've asked him for it.

13 **ASK IN** | **ASKED IN** | **ASKED IN** | **INVITAR A ENTRAR**
/aasssk in/ | /aasssk tin/ | /aasssk tin/

Invítales a entrar.	Ask them in.
Ella abrió la puerta y le invitó a entrar.	She opened the door and asked him in.
¿La has invitado a entrar?	Have you asked her in?

14 **ASK OUT** | **ASKED OUT** | **ASKED OUT** | **PEDIR SALIR, INVITAR A SALIR**
/aasssk áut/ | /aasssk táut/ | /aasssk táut/

¡Invítale (a él) a salir de una vez!	Ask him out for once and for all!
Ella estaba nerviosa cuando le invitó a salir.	She was nervous when she asked him out.
Él le ha pedido salir tres veces pero ella siempre ha dicho que no.	He's asked her out three times but she's always said no.

15 **BACK DOWN (FROM)** | **BACKED DOWN (FROM)** | **BACKED DOWN (FROM)** | **ECHARSE PARA ATRÁS**
/bak dáun/ | /bakt dáun/ | /bakt dáun/

Él se va a echar para atrás.	He's going to back down.
Se echaron para atrás cuando se enteraron de la noticia.	They backed down when they heard the news.
¿La competencia se ha echado para atrás?	Has the competition backed down?

16 **BACK OUT (OF)** /ba káut/ — **BACKED OUT (OF)** /bak táut/ — **BACKED OUT (OF)** /bak táut/

ECHARSE ATRÁS, ARREPENTIRSE

Ella siempre se echa atrás.	She backs out every single time.
Él pagó la fianza pero luego se arrepintió.	He paid the deposit, but then he backed out.
¿Alguna vez te has echado atrás de un compromiso?	Have you ever backed out of a commitment?

17 **BACK UP** /bakáp/ — **BACKED UP** /bak tap/ — **BACKED UP** /bak tap/

RESPALDAR

Su jefe nunca le respalda.	His boss never backs him up.
¿Por qué no me respaldaste?	Why didn't you back me up?
Ella siempre ha respaldado a sus compañeros.	She's always backed up her teammates.

18 **BAIL OUT (OF)** /béi láut/ — **BAILED OUT (OF)** /béil dáut/ — **BAILED OUT (OF)** /béil dáut/

ABANDONAR, RAJARSE, PAGAR LA FIANZA

Me voy a rajar, estoy cansada.	I'm going to bail out, I'm tired.
Su amigo le pagó la fianza para eludir la cárcel.	His friend bailed him out of jail.
Ella nunca se ha rajado de ningún plan.	She's never bailed out of any plan.

19 **BANK ON** /bánkon/ | **BANKED ON** /bank ton/ | **BANKED ON** /bank ton/ | **CONTAR CON**

No contaría con ello.	I wouldn't **bank on** it.
Conté contigo.	I **banked on** you.
Ella siempre ha contado con tu ayuda.	She's always **banked on** your help.

20 **BARGE IN** /báaa(r)chin/ | **BARGED IN** /baaa(r)ch din/ | **BARGED IN** /baaa(r)ch din/ | **ENTROMETERSE, INTERRUMPIR, IRRUMPIR**

Perdona por entrometerme.	Sorry to **barge in** like that.
Ella irrumpió en la sala sin llamar a la puerta.	She just **barged in** the room without knocking.
Nunca he interrumpido una conversación.	I've never **barged in** on a conversation.

21 **BEAR UP** /beeráp / | **BORE UP** /booráp/ | **BORNE UP** /bornáp/ | **SOBRELLEVAR**

Ella lo sobrelleva bastante bien.	She's **bearing up** quite well.
Él lo sobrellevó mal cuando le despidieron.	He **bore up** badly when he was fired.
Lo sobrellevan bien desde el accidente.	They've **borne up** well since the accident.

22 **BEAR WITH** /beer uíz / | **BORE WITH** /boor uíz/ | **BORNE WITH** /born uíz/ — **AGUANTAR, SER PACIENTE CON**

Sé paciente conmigo.	**Bear with** me.
Fui paciente con ella a pesar de tener prisa.	I **bore with** her despite being in a hurry.
¡Gracias por su paciencia!	Thank you for **bearing with** me!

23 **BEAT DOWN** /biit dáun/ | **BEAT DOWN** /biit dáun/ | **BEATEN DOWN** /biitn dáun/ — **REGATEAR, CAER A PLOMO, DILUVIAR**

Podemos regatear los precios a 20 € la hora.	We can **beat down** the prices to € 20 an hour.
Ayer cayó un sol de justicia.	The sun **beat down** yesterday.
Ha estado diluviando todo el día.	It's been **beating down** all day.

24 **BEAT UP** /biitáp/ | **BEAT UP** /biitáp/ | **BEATEN UP** /biitnáp/ — **GOLPEAR, PEGAR, DARLE UNA PALIZA A ALGUIEN**

Ella no llega a darle una paliza a nadie en la clase de *kick-boxing*.	She doesn't actually **beat** anybody **up** at kick-boxing class.
Él de niño le dio una paliza a un abusón.	He **beat up** a bully when he was a child.
Le dieron una paliza en el colegio.	He was **beaten up** at school.

25 **BEND DOWN** | **BENT DOWN** | **BENT DOWN** | **AGACHARSE**

/bend dáun/ | /bent dáun/ | /bent dáun/

¡Agáchate y tócate los dedos de los pies!	**Bend down** and touch your toes!
Me agaché para coger las pesas.	I **bent down** to pick up the dumbbells.
Él se ha agachado cinco vences en lo que va de día.	He's **bent down** five times so far today.

26 **BEND OVER** | **BENT OVER** | **BENT OVER** | **AGACHARSE, INCLINARSE, DOBLAR**

/bendóuvvva/ | /ben tóuvvva/ | /ben tóuvvva/

Siempre me agacho para coger una moneda.	I always **bend over** to pick up a coin.
Él se inclinó porque no escuchaba nada.	He **bent over** because he couldn't hear anything.
¿Alguna vez has doblado una página en un libro?	Have you ever **bent over** a page in a book?

27 **BLOCK OFF** | **BLOCKED OFF** | **BLOCKED OFF** | **BLOQUEAR, CERCAR**

/blokóf/ | /blok tof/ | /blok tof/

No bloquees la entrada.	Don't **block off** the passage.
La policía cercó la escena del crimen.	The police **blocked off** the crime scene.
Ellos han bloqueado la entrada.	They've **blocked off** the entrance.

28 **BLOCK UP** /blokáp/ | **BLOCKED UP** /blok tap/ | **BLOCKED UP** /blok tap/

BLOQUEAR, OBSTRUIR, ATASCAR

Muchas veces las hojas atascan las alcantarillas.	Leaves often **block up** the drains.
¡Alguien ha atascado el inodoro!	Someone's **blocked up** the toilet!
Llevo todo el día con la nariz taponada.	My nose has been **blocked up** all day.

29 **BLOW OVER** /blouóuvvva/ | **BLEW OVER** /bluóuvvva/ | **BLOWN OVER** /blounóuvvva/

DISPERSARSE, TUMBAR

No te preocupes, esto se dispersará pronto.	Don't worry, this will **blow over** soon.
Los fuertes vientos derribaron muchos árboles.	Strong winds **blew over** many trees.
Las nubes no se han dispersado aún.	The clouds haven't **blown over** yet.

30 **BLOW UP** /blouáp/ | **BLEW UP** /bluáp/ | **BLOWN UP** /blóu nap/

HACER EXPLOTAR, VOLAR, AGRANDAR, INFLAR

Puedo agrandar la imagen para que la veas mejor.	I can **blow up** the image so you can see it better.
El niño infló el globo.	The child **blew up** the balloon.
Han volado varios edificios antiguos en lo que va de mes.	They've **blown up** several old buildings so far this month.

31 **BOIL DOWN TO** /bóil dáun tu/ — **BOILED DOWN TO** /bóild dáun tu/ — **BOILED DOWN TO** /bóild dáun tu/

REDUCIRSE A

Todo se reduce a los resultados.	It all **boils down to** the results.
Tenía que reducir mi tesis a treinta páginas.	I had to **boil** my thesis **down to** thirty pages.
Siempre se ha reducido todo a una cuestión de dinero.	It's always **boiled down to** money.

32 **BOIL OVER** /bóil óuvvva/ — **BOILED OVER** /boildóuvvva/ — **BOILED OVER** /boildóuvvva/

DERRAMARSE, CALENTARSE, ENFADARSE

No digas nada. Él se podría enfadar.	Don't say anything. He might **boil over**.
La salsa de la pasta se ha derramado tras cocinarla durante tres minutos.	The pasta sauce **boiled over** after cooking for three minutes.
Nada se ha derramado nunca en mi cocina.	Nothing has ever **boiled over** in my kitchen.

33 **BORDER ON** /bóoda on/ — **BORDERED ON** /bóoda don/ — **BORDERED ON** /bóoda don/

LIMITAR CON, LINDAR CON, ROZAR

Sus ideas (de él) rozan la genialidad.	His ideas **border on** genius.
Mi antiguo piso lindaba con un parque.	My old flat **bordered on** a park.
Alemania siempre ha limitado con Polonia.	Germany has always **bordered on** Poland.

34 **BOUNCE BACK** /báunsss bak/ | **BOUNCED BACK** /báunssst bak/ | **BOUNCED BACK** /báunssst bak/ — **REBOTAR, RECUPERARSE**

La pelota rebota.	The ball **bounces back**.
El equipo se recuperó tras perder la final.	The team **bounced back** after losing the final.
Él no se ha recuperado aún pero se recuperará.	He hasn't **bounced back** yet but he will.

35 **BRANCH OUT** /branch áut/ | **BRANCHED OUT** /branch táut/ | **BRANCHED OUT** /branch táut/ — **EXPANDIRSE, DIVERSIFICARSE, RAMIFICARSE**

Él quiere diversificarse en otras áreas.	He wants to **branch out** to different areas.
La empresa se expandió por Europa.	The company **branched out** across Europe.
Se han diversificado y ahora ofrecen servicios editoriales.	They have **branched out** into offering editorial services.

36 **BREAK DOWN** /bréik dáun/ | **BROKE DOWN** /bróuk dáun/ | **BROKEN DOWN** /bróuken dáun/ — **AVERIARSE, ROMPER A LLORAR, DESGLOSAR**

No cojas el coche, puede averiarse.	Don't take the car; it might **break down**.
Ella se derrumbó y rompió a llorar.	She **broke down** and cried.
Te he desglosado las cifras.	I've **broken down** the figures for you.

37 **BREAK IN** /breikín/ — **BROKE IN** /bróu kin / — **BROKEN IN** /broukenín /

FORZAR LA ENTRADA, AMOLDAR, DOMAR

Los zapatos tienen que dar de sí.	I have to break in the shoes.
Los ladrones entraron en su apartamento (de ella).	The burglars broke in her apartment.
Él nunca antes ha domado a un caballo.	He's never broken in a horse before.

38 **BREAK OFF** /breikóf/ — **BROKE OFF** /bróu kof / — **BROKEN OFF** /broukenóf/

DESPRENDERSE, CAERSE, CORTARSE, PARTIR

No te oigo, se corta.	I can't hear you, you're breaking off.
Él partió un trozo de pan.	He broke off a piece of bread.
¿Alguna vez se ha caído el retrovisor?	Has the rearview mirror ever broken off?

39 **BREAK OUT** /bréi káut/ — **BROKE OUT** /bróu káut / — **BROKEN OUT** /broukenáut/

FUGARSE, ESCAPARSE, ESTALLAR

Podría estallar una plaga.	A plague could break out.
Se fugaron de la cárcel.	They broke out of jail.
Él nunca se ha escapado de ninguna parte.	He has never broken out of anywhere.

40 **BREAK THROUGH** /bréik zru/ | **BROKE THROUGH** /bróuk zru/ | **BROKEN THROUGH** /bróuken zru/ | **ABRIRSE CAMINO, DERRUMBAR**

Él no puede derrumbar la pared.	He can't **break through** the wall.
Finalmente penetraron el frente enemigo.	They finally **broke through** the enemy lines.
¿Has tirado la pared ya?	Have you **broken through** the wall yet?

41 **BREAK UP** /breikáp/ | **BROKE UP** /bróu kap / | **BROKEN UP** /broukenáp/ | **ROMPER, SEPARARSE**

Ella está pensando en romper con él.	She's thinking about **breaking up** with him.
Él partió la galleta en trozos.	He **broke** the biscuit **up** into pieces.
Aún no lo han dejado.	They haven't **broken up** yet.

42 **BREATHE IN** /briizín/ | **BREATHED IN** /briiz din/ | **BREATHED IN** /briiz din/ | **INSPIRAR**

Inspira por la nariz.	**Breathe in** through your nose.
Él inspiró el aire fresco.	He **breathed in** the fresh air.
Nunca he inspirado tan profundamente.	I've never **breathed in** so deeply.

43 **BREATHE OUT** /briizáut/ | **BREATHED OUT** /briiz dáut/ | **BREATHED OUT** /briiz dáut/ — **EXPIRAR**

Expira por la boca.	**Breathe out** through your mouth.
Él expiró lentamente.	He **breathed out** slowly.
Llevo expirando diez segundos.	I've been **breathing out** for ten seconds.

44 **BRIGHTEN UP** /braitnáp/ | **BRIGHTENED UP** /bráitn dap/ | **BRIGHTENED UP** /bráitn dap/ — **DESPEJAR, ANIMARSE, EMBELLECER, ALEGRAR**

¡Anímate! Es un día bonito.	**Brighten up**! It's a nice day.
Aquel maquillaje te embelleció la cara.	That make-up **brightened up** your face.
¡Me has alegrado el día!	You've **brightened up** my day!

45 **BRING ABOUT** /brin(g) abáut/ | **BROUGHT ABOUT** /brootabáut/ | **BROUGHT ABOUT** /brootabáut/ — **OCASIONAR, PROVOCAR, CAUSAR**

Él no está causando ningun cambio bueno.	He's not **bringing about** any positive change.
La crisis ocasionó mucho desempleo.	The crisis **brought about** a lot of unemployment.
¿Qué ha causado tu cambio de idea?	What has **brought about** your change of mind?

46 **BRING BACK** /brin(g) bek/ | **BROUGHT BACK** /bróot bek/ | **BROUGHT BACK** /bróot bek/ | **TRAER (DE VUELTA), RELANZAR, EVOCAR, DEVOLVER**

Tráeme helado de chocolate del supermercado por favor.	Bring me back some chocolate ice cream from the supermarket, please.
La *influencer* relanzó los zapatos con plataforma.	The influencer brought back platform shoes.
La bruja ha resucitado al guerrero.	The witch has brought the warrior back to life.

47 **BRING DOWN** /brin(g) dáun/ | **BROUGHT DOWN** /bróot dáun / | **BROUGHT DOWN** /bróot dáun / | **HUNDIR, BAJAR, ABATIR**

Ya estoy abajo y se me ha olvidado la basura. ¿Puedes bajarla tú?	I'm already downstairs and I forgot the trash. Can you bring it down?
Su jefe fue tan duro con él que le hundió.	His boss was so hard on him that he brought him down.
El ejército por fin ha abatido al intruso.	The army has finally brought down the intruder.

48 **BRING FORWARD** /brin(g) fooúad/ | **BROUGHT FORWARD** /bróot fooúad/ | **BROUGHT FORWARD** /bróot fooúad/ | **ADELANTAR**

Adelantemos la reunión.	Let's bring the meeting forward.
El dentista adelantó la cita.	The dentist brought forward the appointment.
Yo no he adelantado la fecha de lanzamiento, ¿tú sí?	I haven't brought forward the launch date; have you?

49 **BRING IN** | **BROUGHT IN** | **BROUGHT IN** | **TRAER**

/brin(gu)ín/ | /brootín/ | /brootín/

Traerán al nuevo director el lunes.	They will bring in the new director on Monday.
La policía trajo al sospechoso para interrogarlo.	The police brought in the suspect for questioning.
Han traído mucha suciedad cuando entraron.	They've brought in so much dirt when they came in.

50 **BRING OUT** | **BROUGHT OUT** | **BROUGHT OUT** | **RESALTAR, LANZAR, ENFATIZAR, PUBLICAR**

/brin(g)áut/ | /brootáut/ | /brootáut/

El vino realzará el sabor de la carne.	The wine will bring out the taste of the meat.
Su antiguo trabajo sacó lo peor de ella.	Her old job brought out the worst in her.
El autor no ha publicado ningún otro libro.	The author hasn't brought out any other book.

51 **BRING UP** | **BROUGHT UP** | **BROUGHT UP** | **SACAR UN TEMA**

/brin(g)áp/ | /brootáp/ | /brootáp/

Por favor, no saques el tema en la cena.	Please don't bring this up at dinner.
Ella sacó un tema que todo el mundo quiso comentar.	She brought up a topic everybody wanted to comment on.
Él ha sacado el tema de la política en una reunión familiar.	He's brought up politics at a family reunion.

52 **BRUSH UP ON** /braashhhápon/ | **BRUSHED UP ON** /braashhh tápon/ | **BRUSHED UP ON** /braashhh tápon/

REPASAR, REFRESCAR LA MEMORIA

Tengo que repasar los verbos irregulares.	I have to brush up on the irregular verbs.
Él repasó el español antes del examen oral.	He brushed up on his Spanish before the oral exam.
Tengo una entrevista en francés pero aún no lo he repasado.	I have an interview in French but I haven't brushed up on it yet.

53 **BUMP INTO** /baampíntu/ | **BUMPED INTO** /bamp tíntu/ | **BUMPED INTO** /bamp tíntu/

DARSE CONTRA, ENCONTRARSE CON, TROPEZAR CON

Intento no mirar el móvil cuando camino porque me podría chocar contra una farola.	I try not to look at my phone when I walk because I could bump into a lamppost.
No te vas a creer con quien me encontré el otro día.	You won't believe who I bumped into the other day.
Ella se ha dado contra la puerta tantas veces que he perdido la cuenta.	She's bumped into the door so many times I lost count.

54 **BURN DOWN** /bee(r)n dáun/ | **BURNT* DOWN** /bee(r)nt dáun/ | **BURNT* DOWN** /bee(r)nt dáun/

QUEMAR, INCENDIAR, ARRASAR POR UN INCENDIO

Intenta no quemarme la cocina cuando hornees galletas.	Try not to burn down my kitchen when you bake cookies.
La casa entera se quemó en el incendio.	The entire house burnt down during the fire.
La policía ha cogido al pirómano que ha incendiado el vecindario.	The police caught the pyromaniac who's burnt down the neighborhood.

* También se admite la forma burned.

55 **BURST INTO** /bee(r)ssst íntu/ | **BURST INTO** /bee(r)ssst íntu/ | **BURST INTO** /bee(r)ssst íntu/ | **IRRUMPIR, ESTALLAR, ROMPER A LLORAR/REÍR**

No pude evitar romper a reír cuando escuché el chiste.	I couldn't help but **burst into** laughter when I heard the joke.
Ella rompió a llorar cuando se enteró de la noticia.	She **burst into** tears when she heard the news.
¿Alguna vez has irrumpido en una habitación en plena reunión?	Have you ever **burst into** a room in the middle of a meeting?

56 **BUTT IN** /baatín/ | **BUTTED IN** /baatidín/ | **BUTTED IN** /baatidín/ | **ENTROMETERSE, INTERRUMPIR**

¡No vuelvas a interrumpirnos!	Don't **butt in** again!
Perdona por interrumpiros ayer.	Sorry I **butted in** yesterday.
Desde que empecé el nuevo trabajo, él se ha entrometido en cada reunión.	Ever since I started my new job, he's **butted in** on every meeting.

57 **BUTTON UP** /baatnáp/ | **BUTTONED UP** /baatn dap/ | **BUTTONED UP** /baatn dap/ | **ABROCHAR**

Abróchate la chaqueta, cogerás un resfriado.	**Button up** your jacket; you'll catch a cold.
Me abroché y me fui.	I **buttoned up** and I left.
Él nunca se ha abrochado el último botón de la camisa.	He's never **buttoned up** the last button on his shirt.

58 **CALL BACK** /kol bek/ | **CALLED BACK** /kold bek/ | **CALLED BACK** /kold bek/ — **DEVOLVER LA LLAMADA**

¿Me puedes llamar de nuevo en cinco minutos?	Can you **call** me **back** in five minutes?
Él la llamó nada más salir de la reunión.	He **called** her **back** right after the meeting.
Aún no le he devuelto la llamada a mi madre.	I still haven't **called** my mother **back**.

59 **CALL FOR** /kol foo(r)/ | **CALLED FOR** /kold foo(r)/ | **CALLED FOR** /kold foo(r)/ — **EXIGIR, REQUERIR**

Él exige un acuerdo rápido.	He **calls for** a quick settlement.
Protestaron exigiendo la libertad de expresión.	They protested, **calling for** freedom of speech.
Esta situación ha exigido medidas drásticas.	This situation has **called for** drastic measures.

60 **CALL OFF** /kolóf/ | **CALLED OFF** /kol dof/ | **CALLED OFF** /kol dof/ — **CANCELAR, SUSPENDER**

Puede que tenga que cancelar la cena de la semana que viene.	I might have to **call off** dinner next week.
Ella canceló la reunión de hoy.	She **called off** today's meeting.
Todas las actividades planeadas para hoy han sido suspendidas.	All activities planned for today have been **called off**.

61 **CALL OUT** /koláut/ — **CALLED OUT** /kol dáut/ — **CALLED OUT** /kol dáut/ — **CONVOCAR, DESAFIAR, GRITAR**

La profesora llama la atención a los niños cuando se portan mal.	The teacher **calls out** her students when they misbehave.
Su hijo (de él) tenía mucha fiebre así que llamó al médico para que fuera a casa.	His son had a very high temperature so he **called out** the doctor.
Últimamente ella ha estado gritando su nombre (de él) en sueños.	Lately, she's **called out** his name in her sleep.

62 **CALL UP** /koláp/ — **CALLED UP** /kol dap/ — **CALLED UP** /kol dap/ — **DAR UN TOQUE, LLAMAR A FILAS**

Te daré un toque este fin de semana.	I'll **call** you **up** over the weekend.
Ella me llamó de madrugada.	She **called** me **up** in the middle of the night.
Llamaron a filas a mi hermano cuando cumplió los 18 años.	My brother was **called up** when he turned 18.

63 **CALM DOWN** /kaam dáun/ — **CALMED DOWN** /kaamd dáun/ — **CALMED DOWN** /kaamd dáun/ — **CALMARSE**

¡Cálmate! Todo irá bien.	**Calm down**! Everything will be fine.
Él se calmó tras enterarse de que la operación había ido bien.	He **calmed down** after hearing that the surgery went well.
¿Ya te has calmado?	Have you **calmed down** yet?

64 CARE ABOUT /kee abáut/ — CARED ABOUT /kee dabáut/ — CARED ABOUT /kee dabáut/

PREOCUPARSE POR, IMPORTAR, QUERER

No me importa nada de esto.	I don't **care about** any of this.
Él la quería.	He **cared about** her.
Ella nunca ha querido a nadie como le ha querido a él.	She has never **cared about** anybody as much as she has cared about him.

65 CARE FOR /kee foo/ — CARED FOR /keed foo/ — CARED FOR /keed foo/

CUIDAR, HACERSE CARGO DE

Ella se hace cargo de su madre.	She **cares for** her mother.
Su madre (de él) cuidó de todos los niños en el barrio.	His mother **cared for** all of the kids in the neighborhood.
Nunca antes he cuidado de una persona mayor.	I've never **cared for** an elderly person before.

66 CARRY ON /kerión/ — CARRIED ON /kérii don/ — CARRIED ON /kérii don/

SEGUIR, CONTINUAR

No puedo seguir así. Por favor, ¡callaos!	I can't **carry on** like this. Please, be quiet!
Sigue, parece muy interesante.	**Carry on**; it sounds very interesting.
Él ha seguido como buenamente ha podido.	He's **carried on** as best as he could.

67 **CARRY OUT** /keriáut/ — **CARRIED OUT** /kérii dáut/ — **CARRIED OUT** /kérii dáut/

LLEVAR A CABO, REALIZAR

La policía está llevando a cabo la investigación ahora mismo.	The police is **carrying out** the investigation as we speak.
Ella llevó a cabo la tarea rápidamente.	She **carried out** the task quickly.
Ya han llevado a cabo la encuesta y ahora pueden entregar el informe.	They've already **carried out** their survey and can now hand in the report.

68 **CATCH ON** /kechón/ — **CAUGHT ON** /koo ton/ — **CAUGHT ON** /koo ton/

CAPTAR, PILLAR, PONERSE DE MODA

No lo estoy pillando.	I'm not **catching on**.
Le dije que era un chiste pero él no lo pilló.	I told him it was a joke but he didn't **catch on**.
El nuevo peinado aún no se ha puesto de moda.	The new hairstyle hasn't **caught on** yet.

69 **CATCH UP WITH** /kecháp uíz/ — **CAUGHT UP WITH** /kootáp uíz/ — **CAUGHT UP WITH** /kootáp uíz/

ALCANZAR, PILLAR, PONERSE AL DÍA

¡Vas demasiado rápido! No puedo alcanzarte.	You're too fast! I can't **catch up with** you.
Tras estudiar todo el fin de semana, ella se puso al día con el programa.	After studying all weekend, she **caught up with** the syllabus.
Hoy (él) finalmente se ha puesto al día con su trabajo.	Today, he's finally **caught up with** his workload.

70 **CATER FOR** /kéita foo(r)/ — **CATERED FOR** /kéitad foo(r)/ — **CATERED FOR** /kéitad foo(r)/

ABASTECER, PROVEER, ATENDER, DAR DE COMER EN UN *CATERING*

¡Atendemos todas sus necesidades!	We cater for your every need!
Dimos de comer a más de 200 personas en el banquete de boda.	We catered for over 200 people at the wedding reception.
Nunca he atendido a nadie que no sea a mí mismo.	I have never catered for anybody but me.

71 **CHECK OUT** /chekáut/ — **CHECKED OUT** /chek táut/ — **CHECKED OUT** /chek táut/

VERIFICAR, COMPROBAR, MIRAR, FIJARSE EN, DEJAR UNA HABITACIÓN

Mira este libro. Es muy bueno.	Check out this book. It's a great read.
Su versión coincidía.	His story checked out.
Acaban de dejar la habitación del hotel.	They have just checked out.

72 **CHEER ON** /chii ron/ — **CHEERED ON** /chiir don/ — **CHEERED ON** /chiir don/

ANIMAR, DAR ÁNIMOS

Animan a su hijo en cada partido.	They cheer on their son at every match.
Él me animaba cuando estaba dando mi presentación.	He cheered me on when I was giving my presentation.
Ella lleva animándonos desde que empezamos.	She's cheered us on ever since we started.

73 CHEER UP — CHEERED UP — CHEERED UP

/chii ap/ — /chiir dap/ — /chiir dap/

ALEGRAR, LEVANTAR ÁNIMOS

Ella está bastante triste. Intentemos levantarle el ánimo.	She's really down. Let's try and cheer her up.
¡Muchas gracias por tu mensaje! La verdad es que me animó mucho.	Thank you for your message! It really cheered me up.
¿Cuándo ha sido la última vez que has animado a alguien?	When was the last time you cheered somebody up?

74 CHICKEN OUT — CHICKENED OUT — CHICKENED OUT

/chikn áut/ — /chikn dáut/ — /chikn dáut/

ACOBARDARSE, RAJARSE

¡Venga! No te rajes de nuevo.	Come on! Don't chicken out again.
Al final él se rajó.	In the end, he chickened out.
Ella nunca se ha rajado de ningún plan de fin de semana.	She's never chickened out of any weekend plans.

75 CHILL OUT — CHILLED OUT — CHILLED OUT

/chiláut/ — /chil dáut/ — /chil dáut/

RELAJARSE, ESTAR TRANQUILO

Relajémonos en la piscina luego.	Let's chill out by the pool later.
Se relajaron mucho durante sus vacaciones.	They really chilled out during their holiday.
He estado tranquilo todo el día hoy.	I've chilled out all day today.

76 **CHIP IN** /chipín/ — **CHIPPED IN** /chip tin/ — **CHIPPED IN** /chip tin/ — **PONER DINERO, INTERVENIR**

Perdona por interrumpir así pero tu charla ha estado genial.	Sorry to just **chip in** but your speech was amazing.
Pusieron 10 € cada uno para poder comprar el abrigo.	They **chipped in** € 10 each so that they could buy the coat.
Ella siempre ha puesto dinero para todos los regalos de cumpleaños.	She's always **chipped in** for every birthday present.

77 **CHOP DOWN** /chop dáun/ — **CHOPPED DOWN** /chopt dáun/ — **CHOPPED DOWN** /chopt dáun/ — **TALAR, CORTAR**

¡No puedo talar ese árbol en mi jardín sin más!	I can't just **chop down** that tree in my yard!
Talaron el árbol de Navidad más grande.	They **chopped down** the biggest Christmas tree.
Las empresas han talado la mitad de la selva tropical.	Companies have **chopped down** half the rainforest.

78 **CHOP UP** /chopáp/ — **CHOPPED UP** /chop dap/ — **CHOPPED UP** /chop dap/ — **PICAR**

Primero pica la cebolla.	First, **chop up** the onion.
Él picó todas las verduras.	He **chopped up** all the vegetables.
Nunca he picado una cebolla sin llorar.	I've never **chopped up** an onion without crying.

79 **CLAM UP** /klamáp/ | **CLAMMED UP** /klam dap/ | **CLAMMED UP** /klam dap/ | **ENCERRARSE EN SÍ MISMO**

Siempre me encierro en mí misma cuando estoy con mucha gente.	I always **clam up** in large groups.
Él se puso nervioso y se encerró en sí mismo en la reunión.	He felt nervous and **clammed up** at the meeting.
¿Alguna vez te has encerrado en ti misma?	Have you ever **clammed up**?

80 **CLEAN OUT** /kliináut/ | **CLEANED OUT** /kliin dáut/ | **CLEANED OUT** /kliin dáut/ | **LIMPIAR, ORDENAR, VACIAR**

Vacía tu armario porque vamos a comprar uno nuevo.	**Clean out** your wardrobe because we're going to buy a new one.
Ella vació su cajonera cuando la despidieron.	She **cleaned out** her drawer when she got fired.
Aún no he recogido mi mesa.	I haven't **cleaned out** my desk yet.

81 **CLEAN UP** /kliináp/ | **CLEANED UP** /kliin dap/ | **CLEANED UP** /kliin dap/ | **LIMPIAR**

¡Roger! ¡Tu habitación es una leonera! ¡Límpiala!	Roger! Your room's a mess! **Clean** it **up**!
Ella limpió su apartamento después de la fiesta.	She **cleaned up** her apartment after the party.
Hasta ahora, él ha limpiado el salón y la cocina.	So far, he's **cleaned up** the living room and the kitchen.

82 **CLEAN UP AFTER** /kliináp áfta/ | **CLEANED UP AFTER** /kliin dap áfta/ | **CLEANED UP AFTER** /kliin dap áfta/ | **LIMPIAR (TRAS ALGUIEN)**

Limpia tu propio desorden, ¿vale?	Clean up after yourself, will you?
Mi madre siempre limpiaba nuestras cosas.	My mother always cleaned up after us.
Hemos limpiado las cosas de todo el mundo.	We've cleaned up after everybody.

83 **CLEAR AWAY** /kliirauéi/ | **CLEARED AWAY** /kliir dauéi/ | **CLEARED AWAY** /kliir dauéi/ | **GUARDAR, RECOGER**

Recoge tu escritorio, por favor.	Clear away your desk, please.
Él guardó el puzle cuando terminó.	He cleared away the puzzle when he finished.
¿Has guardado los juguetes?	Have you cleared away the toys?

84 **CLEAR OFF** /kliiróf/ | **CLEARED OFF** /kliir dof/ | **CLEARED OFF** /kliir dof/ | **LARGARSE, DESPEJAR DE**

¡Lárgate ya!	Clear off!
Ella se largó cuando terminó la reunión.	She cleared off when the meeting finished.
He despejado la mesa de papeles.	I've cleared the papers off the table.

85 CLEAR OUT | CLEARED OUT | CLEARED OUT

/kliiráut/ | /kliir dáut/ | /kliir dáut/

VACIAR, DESPEJAR

Él no tuvo tiempo de vaciar su mesa cuando le despidieron.	He didn't have time to **clear out** his desk when he got fired.
Ella vació su mesilla de noche para venderla.	She **cleared out** her bedside table to sell it.
Ellos han vaciado el maletero.	They've **cleared out** the trunk.

86 CLEAR UP | CLEARED UP | CLEARED UP

/kliiráp/ | /kliir dap/ | /kliir dap/

DESPEJARSE, ACLARAR

¿Me lo puedes aclarar por favor? No lo entiendo.	Could you **clear** that **up** for me, please? I don't understand.
En su charla aclaró todas las dudas.	In his talk, he **cleared up** all doubts.
Aún no ha despejado pero dicen que lo hará.	The weather hasn't **cleared up** just yet but they say it will.

87 CLIMB UP | CLIMBED UP | CLIMBED UP

/klaimáp/ | /kláim dap/ | /kláim dap/

ESCALAR, ALZARSE, ASCENDER

¡No trepes a ese árbol!	Don't **climb up** that tree!
Escalaron la montaña más alta.	They **climbed up** the highest mountain.
Ella ha estado ascendiendo en su trabajo a una velocidad increíble.	She's been **climbing up** the career ladder at an incredible speed.

88 **CLOSE DOWN** /klóus dáun/ — **CLOSED DOWN** /klóusd dáun/ — **CLOSED DOWN** /klóusd dáun/

CERRAR (DE MANERA DEFINITIVA)

Si venden alcohol sin licencia, la policía puede cerrarles el negocio.	If they sell alcohol without a license, the police might close them down.
La panadería cerró hace tres meses.	The bakery closed down three months ago.
Muchos negocios han cerrado desde que empezara la crisis.	Many businesses have closed down since the crisis started.

89 **CLOSE IN** /klousín/ — **CLOSED IN** /klóus din/ — **CLOSED IN** /klóus din/

PISAR LOS TALONES ACORTAR (DÍAS), EMPEORAR (TIEMPO)

¡La policía nos está pisando los talones!	The cops are closing in on us!
El tiempo empeoró.	The weather closed in.
Los días se han acortado notablemente.	The days have closed in noticeably.

90 **CLOSE OFF** /klousóf/ — **CLOSED OFF** /klóus dof/ — **CLOSED OFF** /klóus dof/

IMPEDIR EL ACCESO, CORTAR, PRECINTAR

No se puede impedir el acceso a los ascensores.	You can't close off the access to the elevators.
La policía precintó la escena del crimen.	The police closed off the crime scene.
Debido a la tormenta, los bomberos han cortado muchas calles.	Due to the storm, firefighters have closed off lots of streets.

91 **COME AROUND** | **CAME AROUND** | **COME AROUND** | **HACERSE (A UNA IDEA), RECOBRAR (LA CONSCIENCIA)**

/kamaráund/ /keimaráund/ /kamaráund/

No te preocupes, ya se hará a la idea él.	Don't worry, he'll **come around** to the idea.
Dos minutos después de desmayarse, él recobró la consciencia.	Two minutes after fainting, he **came around**.
Ella nunca se ha hecho a la idea.	She's never **come around** to the idea.

92 **COME BACK** | **CAME BACK** | **COME BACK** | **VOLVER, REGRESAR**

/kam bek/ /kéim bek/ /kam bek/

Ella siempre vuelve de vacaciones bronceada.	She always **comes back** really tanned from her holidays.
Él regresó hace dos días.	He **came back** two days ago.
¿Ella ya ha regresado?	Has she **come back** yet?

93 **COME DOWN** | **CAME DOWN** | **COME DOWN** | **BAJAR, DESCENDER, VENIRSE ABAJO**

/kam dáun/ /kéim dáun/ /kam dáun/

¡Adán! La cena está lista. ¡Baja, por favor!	Adam! Dinner is ready. **Come down**, please!
Él bajó y se sentó en el sofá.	He **came down** and sat down on the sofa.
¿Ya han bajado los chicos?	Have the boys **come down** yet?

94 **COME DOWN WITH** /kam dáun uíz/ | **CAME DOWN WITH** /kéim dáun uíz/ | **COME DOWN WITH** /kam dáun uíz/ | **PILLAR, CAER ENFERMO, INCUBAR**

Creo que estoy incubando un resfriado.	I think I'm **coming down with** a nasty cold.
Él tuvo gripe la semana pasada.	He **came down with** the flu last week.
Hasta ahora no he pillado la gastroenteritis que circula por ahí.	So far, I haven't **come down with** the gastroenteritis that's going around.

95 **COME FROM** /kam from/ | **CAME FROM** /kéim from/ | **COME FROM** /kam from/ | **VENIR DE, PROVENIR DE**

Él viene de un país lejano.	He **comes from** a faraway country.
El avión venía de París.	The plane **came from** Paris.
Nuestra invitada ha venido desde Tokyo para estar hoy con nosotros.	Our guest has **come** all the way **from** Tokyo to be with us today.

96 **COME IN** /kamín/ | **CAME IN** /keimín/ | **COME IN** /kamín/ | **ENTRAR**

¡Entra! ¡La puerta está abierta!	**Come in**! The door's open!
Él entró sin llamar a la puerta.	He **came in** without knocking.
Veinte personas han entrado aquí en lo que va de día.	Twenty people have **come in** here so far today.

97 **COME OVER** **CAME OVER** **COME OVER** **VENIRSE, PASARSE**

/kamóuvvva/ /keimóuvvva/ /kamóuvvva/

Pásate mañana al mediodía.	Come over tomorrow at noon.
Ella se vino anoche.	She came over last night.
Se han pasado todos los días de la semana.	They've come over every day this week.

98 **COME UP WITH** **CAME UP WITH** **COME UP WITH** **INVENTARSE, ELABORAR, DAR CON, OCURRIRSE**

/komáp uíz/ /kéi map uíz/ /komáp uíz/

No se me ocurre ninguna solución.	I can't come up with a solution.
Ella elaboró un buen plan de negocios.	She came up with a great business plan.
¿Alguna vez se te ha ocurrido una idea brillante?	Have you ever come up with a brilliant idea?

99 **COOK UP** **COOKED UP** **COOKED UP** **MAQUINAR, INVENTAR, COCINAR**

/kukáp/ /kuk tap/ /kuk tap/

Él cocina platos de la nada.	He cooks up dishes out of nothing.
Se inventó un juego ella sola.	She cooked up a game all by herself.
¿Han maquinado algo interesante hoy?	Have they cooked up anything interesting today?

100 **COOL DOWN** /kul dáun/ | **COOLED DOWN** /kuld dáun/ | **COOLED DOWN** /kuld dáun/ | **ENFRIARSE**

Deja que la pasta se enfríe antes de servirla.	Let the pasta **cool down** before you serve it.
Las galletas se enfriaron en diez minutos.	The cookies **cooled down** in ten minutes.
¿Se ha enfriado ya la pizza lo suficiente?	Has the pizza **cooled down** enough yet?

101 **COPE WITH** /kóup uíz/ | **COPED WITH** /kóupt uíz/ | **COPED WITH** /kóupt uíz/ | **HACER FRENTE A, MANEJAR, APAÑÁRSELAS, SUPERAR**

Mi hermana lidia con mucha presión en el trabajo.	My sister **copes with** a lot of pressure at work.
Superé la separación yendo a terapia.	I **coped with** the break-up by going to counselling.
¿Cómo te las has apañado?	How have you **coped with** it?

102 **COUNT IN** /kauntín/ | **COUNTED IN** /káunte din/ | **COUNTED IN** /káunte din/ | **CONTAR CON, INCLUIR**

Cuenta conmigo para el regalo.	**Count** me **in** for the present.
No incluimos a Sonia para el viaje.	We didn't **count** Sonia **in** for the trip.
¿A quién hemos incluido para la quedada?	Who have we **counted in** for the get-together?

103 **COUNT ON** /káunton/ | **COUNTED ON** /káunte don/ | **COUNTED ON** /káunte don/ — CONTAR CON, FIARSE DE, CONFIAR EN

No te preocupes, puedes contar conmigo.	Don't worry, you can **count on** me.
Contaba con un día soleado hoy, ¡pero está lloviendo!	I **counted on** it being sunny today, but it's raining!
¿Alguna vez has contado con alguien que luego te ha decepcionado?	Have you ever **counted on** someone who then let you down?

104 **COUNT OUT** /kauntáut/ | **COUNTED OUT** /káunte dáut/ | **COUNTED OUT** /káunte dáut/ — NO CONTAR CON, DESCARTAR

No cuentes conmigo para la fiesta esta noche.	**Count** me **out** for the party tonight.
No han contado con nosotros para el viaje del verano que viene.	They **counted** us **out** for the trip next summer.
Ella no quiere venir. ¿La has descartado?	She doesn't want to go. Have you **counted** her **out**?

105 **COVER UP** /kavvvaáp/ | **COVERED UP** /kávvva dap/ | **COVERED UP** /kávvva dap/ — TAPAR, ENCUBRIR, ESCONDER

Ella tapa la comida y la mete en la nevera cada noche.	She **covers up** the food and puts it in the fridge every evening.
El ladrón borró sus huellas.	The burglar **covered up** his tracks.
¿Alguna vez has escondido la verdad en el trabajo?	Have you ever **covered up** the truth at work?

106 CREEP UP ON /kriipápon/ — CREPT UP ON /kreptáp on/ — CREPT UP ON /kreptáp on/

SORPRENDER, ACERCARSE SIGILOSAMENTE

La Navidad siempre llega demasiado pronto.	Christmas always **creeps up on** me.
El día de su boda les llegó demasiado pronto.	Their wedding day **crept up on** them.
He engordado diez kilos este año. ¡De verdad me ha sorprendido!	I've put on ten kilos this year. It's really **crept up on** me!

107 CROP UP /kropáp/ — CROPPED UP /krop tap/ — CROPPED UP /krop tap/

SALIR/PRESENTARSE DE LA NADA, SURGIR

Surgen los mismos problemas todas las semanas.	The same problems **crop up** every week.
Se me presentó una excelente oportunidad de trabajo la semana pasada.	A great job opportunity **cropped up** for me last week.
Han surgido unas dudas en la reunión.	A few doubts have **cropped up** in the meeting.

108 CRY OUT (FOR) /kraiáut/ — CRIED OUT (FOR) /krái dáut/ — CRIED OUT (FOR) /krái dáut/

GRITAR, CHILLAR, PEDIR A GRITOS

¡Por el amor de Dios!	For **crying out** loud!
Ella chilló cuando la puerta le pilló el dedo.	She **cried out** when the door slammed on her finger.
Él ha estado pidiendo ayuda a gritos desde que empezó el proyecto.	He's **cried out** for help since the project started.

109 **CUT BACK** CUT BACK CUT BACK — RECORTAR, REDUCIR

/kaat bak/ /kaat bak/ /kaat bak/

Estamos gastando demasiado dinero. Tenemos que recortar.	We're spending too much money. We need to **cut back**.
Comíamos demasiada carne así que redujimos su consumo.	We were eating too much meat so we **cut back**.
El año pasado tuviste gastos excesivos. ¿Has recortado este año?	You were overspending last year. Have you **cut back** this year?

110 **CUT BACK ON** CUT BACK ON CUT BACK ON — RECORTAR EN, REDUCIR EN

/kaat bákon/ /kaat bákon/ /kaat bákon/

Ella reduce su consumo de carbohidratos cada verano.	She **cuts back on** carbs every summer.
Mi empresa recortó en dietas el año pasado.	My company **cut back on** expenses last year.
Hemos reducido el número de viajes que hacemos durante el año.	We've **cut back on** the number of trips we take throughout the year.

111 **DAWN ON** DAWNED ON DAWNED ON — DARSE CUENTA DE, PERCATARSE, PASAR POR LA CABEZA

/dóon on/ /dóon don/ /dóon don/

Siempre me doy cuenta en el último momento.	It always **dawns on** me at the last minute.
No entendía por qué ella no vino. ¡Entonces me di cuenta!	I didn't understand why she didn't come. Then, it **dawned on** me!
Ella todavía no se ha dado cuenta de lo mal que está la empresa.	It hasn't **dawned on** her yet just how badly the company is doing.

112 **DEAL WITH** /diil uíz/ | **DEALT WITH** /déltuiz/ | **DEALT WITH** /déltuiz/

MANEJAR, TRATAR, RESOLVER, LIDIAR CON

¿Quién trata con clientes en tu empresa?	Who **deals with** clients in your company?
Resolví el problema rápidamente.	I **dealt with** the problem quickly.
¿Has tratado este asunto últimamente?	Have you **dealt with** this issue recently?

113 **DECIDE ON** /disssáidon/ | **DECIDED ON** /disssáidi don/ | **DECIDED ON** /disssáidi don/

DECIDIR, DECIDIRSE, OPTAR POR, ESCOGER

Solemos optar por la solución más económica.	We usually **decide on** the cheapest solution.
Escogieron una moqueta verde para el salón.	They **decided on** a green carpet for the living room.
¿Ya habéis elegido el nombre del bebé?	Have you **decided on** a name for the baby yet?

114 **DIG IN** /diguín/ | **DUG IN** /daaguín/ | **DUG IN** /daaguín/

EMPEZAR A COMER, HINCAR EL DIENTE

Por favor, ¡comed!	Please, **dig in**!
Empezamos a comer en cuánto ella puso el plato en la mesa.	We **dug in** as soon as she put the dish on the table.
Nunca he empezado a comer antes de que todo el mundo estuviera servido.	I've never **dug in** before everyone was served.

115 **DO OVER** **DID OVER** **DONE OVER** — REHACER ALGO, VOLVER A HACER ALGO

/duóuvvva/ /di dóuvvva/ /daa nóuvvva/

Este informe no está a la altura. Vuelve a hacerlo, por favor.	This report isn't good enough. **Do** it **over**, please.
No estaba contento con el resumen así que lo volví a hacer.	I wasn't pleased with the summary so I **did** it **over**.
La presentación estaba floja pero no te preocupes, la he vuelto a hacer.	The presentation was weak but don't worry, I've **done** it **over**.

116 **DO UP** **DID UP** **DONE UP** — ABROCHAR, ABOTONAR, REDECORAR

/duáp/ /di dap/ /daa nap/

Abróchate la chaqueta. ¡Hace frío fuera!	**Do** your jacket **up**. It's cold outside!
Han redecorado la sala de estar. ¡Se ve genial!	They **did up** the living room. It looks great!
Aún no he remodelado el apartamento.	I haven't **done up** the apartment yet.

117 **DO WITHOUT** **DID WITHOUT** **DONE WITHOUT** — APAÑARSE, PRESCINDIR DE, VIVIR SIN, NO TENER GANAS DE

/du uizáut/ /did uizáut/ /daan uizáut/

No tengo ganas de ir a la fiesta.	I can **do without** going to the party.
No quedaba azúcar así que se apañaron sin él.	There was no sugar left so they **did without**.
No pasa nada por estar fuera otra semana. Nos hemos apañado sin ti hasta ahora.	It's no problem you being off for another week. We've **done without** you up until now.

118 DOZE OFF /dousóf/ — DOZED OFF /dóus dof/ — DOZED OFF /dóus dof/ — QUEDARSE DORMIDO, ECHAR UNA CABEZADA

Ella se queda dormida a menudo en reuniones.	She **dozes off** frequently in meetings.
Me perdí la entrega de premios porque me quedé dormido.	I missed the awards ceremony because I **dozed off**.
Nunca nos hemos quedado dormidos en el colegio.	We've never **dozed off** at school.

119 DRAG INTO /draguíntu/ — DRAGGED INTO /drag díntu/ — DRAGGED INTO /drag díntu/ — INVOLUCRAR

No me involucres en esta conversación.	Don't **drag** me **into** this conversation.
Ellos involucraron a sus amigos en la discusión.	They **dragged** their friends **into** the argument.
Soy la segunda persona a la que has involucrado en este tema.	I'm the second person you've **dragged into** this issue.

120 DRAW UP /drooáp/ — DREW UP /druáp/ — DRAWN UP /droo nap/ — REDACTAR, ELABORAR

Hoy vamos a redactar el plan de marketing.	Today, we're going to **draw up** the marketing plan.
Él redactó un plan de negocio infalible.	He **drew up** a bulletproof business plan.
Ella aún no ha redactado la propuesta pero lo hará esta tarde.	She hasn't **drawn up** the proposal yet but she will do it this afternoon.

121 DREAM ABOUT / OF — DREAMT* ABOUT / OF — DREAMT* ABOUT / OF — SOÑAR CON, FANTASEAR CON

/driim abáut/ — /dremt abáut/ — /dremt abáut/

Siempre sueño con ir a Bali en verano.	I always **dream of** going to Bali in the summer.
Fantaseé con ser modelo cuando era más joven.	I **dreamt of** being a model when I was younger.
He soñado con este momento desde que era un niño pequeño.	I've **dreamt about** this moment since I was a little boy.

* **Dream** es uno de los verbos que tienen dos formas del pasado simple y participio ya que también puede ser regular: **dream about** → **dreamed about** → **dreamed about**.

122 DRESS UP — DRESSED UP — DRESSED UP — PONERSE ELEGANTE, DISFRAZARSE

/dressáp/ — /dress dap/ — /dress dap/

Siempre se disfrazan para Halloween.	On Halloween, they always **dress up**.
Me puse elegante para ir a la ópera.	I **dressed up** to go to the opera.
Él se ha puesto elegante por primera vez en su vida.	He's **dressed up** for the first time in his life.

123 DRIVE OFF — DROVE OFF — DRIVEN OFF — ALEJARSE EN COCHE, ESPANTAR

/draivvvóf/ — /drouvvvóf/ — /drivvve nof/

Espanto a los mapaches con perros.	I **drive off** raccoons with dogs.
Él se enfadó y se alejó en coche.	He got angry and **drove off**.
Cuando bajé, el taxi que había pedido acababa de irse.	When I came downstairs, the taxi I had ordered had just **driven off**.

124 **DROP BY** /dropbái/ | **DROPPED BY** /dropt bái/ | **DROPPED BY** /dropt bái/ | **PASARSE**

¿Te puedes pasar mañana por la mañana?	Can you drop by tomorrow morning?
Mi mejor amigo se pasó anoche.	My best friend dropped by last night.
Ella se ha pasado por la oficina todos los días esta semana.	She's dropped by the office every day so far this week.

125 **DROP OFF** /dropóf/ | **DROPPED OF** /drop tof/ | **DROPPED OFF** /drop tof/ | **DEJAR ALGO, LLEVAR**

¿Me puedes dejar en la oficina?	Can you drop me off at the office?
Él dejó el paquete en el hotel.	He dropped off the package at the hotel.
El mensajero ha dejado todos los regalos en su casa (de ellos).	The deliveryman has dropped off all the presents at their house.

126 **DROP OUT (OF)** /dropáut/ | **DROPPED OUT (OF)** /drop táut/ | **DROPPED OUT (OF)** /drop táut/ | **ABANDONAR, DEJAR**

¿Estás pensando en dejar la universidad?	Are you thinking about dropping out of university?
Él dejó los estudios con 15 años.	He dropped out of school at age 15.
Ella ha dejado todos los cursos que ha empezado.	She's dropped out of every course she's started.

127 DRUM IN / INTO — DRUMMED IN / INTO — DRUMMED IN / INTO

MACHACAR ALGO, METER A LA FUERZA

/dramín/ — /dram din/ — /dram din/

¿Estás intentando meterlo a la fuerza?	Are you trying to **drum** it **in**?
Nuestra profesora nos metía los verbos irregulares a la fuerza.	Our teacher **drummed** the irregular verbs **into** us.
¿Por qué no lo has machacado con tu equipo?	How come you haven't **drummed** it **into** your team?

128 DRUM UP — DRUMMED UP — DRUMMED UP

FOMENTAR, SUSCITAR

/dramáp/ — /dram dap/ — /dram dap/

Lanzaremos una nueva campaña de marketing para fomentar más ventas.	We'll run a new marketing campaign to **drum up** more sales.
El tráiler fomentó interés en la nueva novela.	The trailer **drummed up** interest in the new novel.
¿Cómo has suscitado tanto interés?	How have you **drummed up** so much interest?

129 DWELL ON — DWELT ON — DWELT ON

DAR VUELTAS A

/duélon/ — /duél ton/ — /duél ton/

No te obsesiones por lo que te ha dicho él. No merece la pena.	Don't **dwell on** what he said to you. It's not worth it.
Él le dio vueltas a los errores que cometió en la presentación.	He **dwelt on** the mistakes he made in the presentation.
Le hemos dado demasiadas vueltas a este tema.	We've **dwelt on** this topic for too long.

* **Dwell** es una de esos verbos que tienen dos formas del pasado simple y participio ya que también puede ser regular: **dwell on** → **dwelled on** → **dwelled on**.

130 EAT IN — ATE IN — EATEN IN — COMER/CENAR EN CASA

/iitín/ — /éi tin/ — /iitn nin/

Cenemos en casa esta noche.	Let's eat in tonight.
Él comió en casa ayer.	He ate in yesterday.
Llevo siglos sin comer en casa.	I haven't eaten in in ages.

131 EAT OUT — ATE OUT — EATEN OUT — COMER/CENAR FUERA

/iitáut/ — /éi táut/ — /iitn náut/

Cenan fuera todos los fines de semana.	They eat out every weekend.
Comí fuera la semana pasada y no me gustó mucho la comida.	I ate out last week and I didn't really like the food.
Ella lleva comiendo fuera toda la semana.	She's eaten out every day so far this week.

132 EAT UP — ATE UP — EATEN UP — TERMINAR LA COMIDA, DEVORAR, ACABAR CON

/iitáp/ — /éi tap/ — /iitn nap/

Come de una vez, ¿quieres?	Eat up, will you?
Él tenía tanta hambre que se terminó el plato entero.	He was so hungry that he ate up everything on his plate.
El proyecto nuevo ha acabado con todos los ahorros.	The new project has eaten up all the savings.

133 **EGG ON** /egón/ | **EGGED ON** /eg don/ | **EGGED ON** /eg don/ | **ANIMAR, ALENTAR**

¡Ánima a tu equipo! Igual juegan mejor.	Egg your team on! They might even play better!
Ella le animó durante la presentación.	She egged him on during the presentation.
Mis padres nunca me han animado.	My parents have never egged me on.

134 **END UP** /endáp/ | **ENDED UP** /endi dap/ | **ENDED UP** /endi dap/ | **ACABAR (EN), TERMINAR**

Siempre terminas cancelando.	You always end up cancelling.
Acabamos yendo a la discoteca después de cenar.	We ended up going to the club after dinner.
Hemos acabado donde empezamos.	We've ended up where we started.

135 **EXPAND ON** /ekssspán don/ | **EXPANDED ON** /ekssspándi don/ | **EXPANDED ON** /ekssspándi don/ | **AMPLIAR, DESARROLLAR**

Desarrolla tu teoría.	Expand on your theory.
Ella desarrolló la idea de su proyecto.	She expanded on the idea for her project.
Estoy perdido. Has desarrollado demasiados temas en este seminario.	I'm lost. You've expanded on too many topics in this seminar.

136 **FADE AWAY** /feidauéi/ — **FADED AWAY** /féidid auéi/ — **FADED AWAY** /féidid auéi/

DIFUMINARSE, ESFUMARSE

Los recuerdos se esfuman tan rápidamente.	Memories **fade away** so quickly.
Sus recuerdos (de él) de la infancia se esfumaron hace mucho tiempo.	His childhood memories **faded away** a long time ago.
El lago se ha difuminado. Ya no lo veo.	The lake has **faded away**. I can't see it anymore.

137 **FALL APART** /folapárt/ — **FELL APART** /felapárt/ — **FALLEN APART** /folenapárt/

DERRUMBARSE, DESARMARSE, CAER A CACHOS, IRSE AL TRASTE

No te sientes en esa silla. Se puede desarmar.	Don't sit on that chair. It might **fall apart**.
Su matrimonio se fue al traste después de cuatro años.	Their marriage **fell apart** after four years.
Cada proyecto en el que ha estado involucrado él se ha ido al traste.	Every project he's got involved in has **fallen apart**.

138 **FALL BACK ON** /fol békon/ — **FELL BACK ON** /fel békon/ — **FALLEN BACK ON** /fólen békon/

RECURRIR A ALGO, CONTAR CON EL APOYO DE ALGUIEN

Tengo un fondo de pensiones al que puedo recurrir.	I have a pension fund to **fall back on**.
Él recurrió a los contactos que hizo en la universidad.	He **fell back on** contacts he made at university.
Ella siempre ha contado con el apoyo de sus padres.	She's always **fallen back on** her parents.

139 FALL BEHIND (WITH) — FELL BEHIND (WITH) — FALLEN BEHIND (WITH) — QUEDARSE ATRÁS, QUEDARSE RETRASADO

/fol bihhháind/ /fel bihhháind/ /fólen bihhháind/

Me estoy quedando atrás con mi trabajo.	I'm **falling behind with** my work.
Ella se retrasó con sus funciones en el hospital.	She **fell behind with** her duties in the hospital.
El banco le llamó porque (él) se ha retrasado con los pagos.	The bank called him because he's **fallen behind with** the payments.

140 FALL DOWN — FELL DOWN — FALLEN DOWN — CAERSE

/fol dáun/ /fel dáun/ /fólen dáun/

No lo pongas en la estantería. Se podría caer.	Don't put it on the shelf. It could **fall down**.
Él se cayó por las escaleras porque estaba mirando el móvil.	He **fell down** the stairs because he was looking at his phone.
Mi hijo se ha caído miles de veces pero nunca se ha roto nada.	My son's **fallen down** thousands of times but he's never broken anything.

141 FALL FOR — FELL FOR — FALLEN FOR — CREERSE, ENAMORARSE

/fol foo(r)/ /fel foo(r)/ /fólen foo(r)/

No te enamores de nadie en el trabajo.	Don't **fall for** anybody at work.
No te creíste lo que dijo él, ¿verdad?	You didn't **fall for** what he said, did you?
Se han creído las promesas que les hizo su jefe.	They've **fallen for** the promises their boss made.

142 **FALL OFF** /folóf/ — **FELL OFF** /felóf/ — **FALLEN OFF** /folenóf/

CAERSE, DESPEGARSE, DESPRENDERSE

No compres estos juguetes. Las piezas se caen nada más sacarlos de la caja.	Don't buy these toys. Pieces **fall off** as soon as you take them out of the box.
Compré un tocado y la flor se cayó después de ponérmelo una vez.	I bought a headdress and the flower **fell off** after wearing it once.
¿Se te ha caído el llavero alguna vez?	Has your keychain ever **fallen off**?

143 **FALL OUT (WITH)** /foláut/ — **FELL OUT (WITH)** /feláut/ — **FALLEN OUT (WITH)** /fóle náut/

PELEARSE, DISCUTIR

Ella se pelea constantemente con su hermana.	She constantly **falls out** with her sister.
Se pelearon.	They **fell out**.
Nunca me he peleado con mi novio.	I've never **fallen out** with my boyfriend.

144 **FALL OUT OF** /foláutof/ — **FELL OUT OF** /feláu tof/ — **FALLEN OUT OF** /folenáu tof/

CAER DE, CAER FUERA DE, CAÉRSELE

Se me está cayendo el pelo.	My hair's **falling out**.
A ella se le cayó un billete de diez euros del monedero.	A ten-euro bill **fell out of** her purse.
Ella nunca antes se había caído de una cama.	She'd never **fallen out of** a bed before.

145 **FALL THROUGH** /folzrú/ | **FELL THROUGH** /felzrú/ | **FALLEN THROUGH** /folenzrú/

VENIRSE ABAJO, IRSE AL TRASTE, CAERSE, FRACASAR

El viaje se irá al garete si no lo reservamos hoy.	The trip will **fall through** if we don't book it today.
La presentación se fue al traste porque el ponente estaba malo.	The presentation **fell through** because the speaker was sick.
Todos los planes se han ido al traste debido al mal tiempo.	All of the plans have **fallen through** due to the bad weather.

146 **FEEL LIKE** /fíilaik/ | **FELT LIKE** /féltlaik/ | **FELT LIKE** /féltlaik/

APETECER, TENER GANAS DE

A ella le apetece salir esta noche.	She **feels like** going out tonight.
A él le apeteció pedir comida a domicilio ayer.	He **felt like** ordering in yesterday.
Llevo toda la semana con ganas de salir a correr.	I've **felt like** going for a run the whole week.

147 **FEEL UP TO** /fiiláptu/ | **FELT UP TO** /fel táptu/ | **FELT UP TO** /fel táptu/

SENTIRSE EN CONDICIONES DE HACER ALGO

No creo que ella se sienta en condiciones de salir a cenar esta noche.	I don't think she **feels up to** having dinner out tonight.
A pesar del dolor, me sentí en condiciones de salir del hospital un día antes.	Despite the pain, I **felt up to** leaving the hospital a day early.
No me he sentido en condiciones de hacer nada esta semana por la gripe.	I haven't **felt up to** doing anything this week because of the flu.

148 **FEND FOR** /fénd foo(r)/ — **FENDED FOR** /féndid foo(r)/ — **FENDED FOR** /féndid foo(r)/

DEFENDERSE, VALERSE (POR UNO MISMO)

Sé valerme por mí misma, ¡gracias!	I can **fend for** myself, thank you!
Se valieron por sí mismos durante años.	They **fended for** themselves for years.
Siempre se ha valido por sí misma.	She's always **fended for** herself.

149 **FEND OFF** /fendóf/ — **FENDED OFF** /féndi dof/ — **FENDED OFF** /féndi dof/

REPELER, AHUYENTAR, ELUDIR

La pulsera ahuyenta a los mosquitos.	The bracelet **fends off** mosquitos.
El director general eludió todas las preguntas sobre los despidos.	The CEO **fended off** all the questions about the layoffs.
La compañía ha ahuyentado los intentos de adquisición durante años.	The company has **fended off** takeover attempts for many years.

150 **FIDDLE AROUND* (WITH)** /fidlaráund/ — **FIDDLED AROUND (WITH)** /fidl daráund/ — **FIDDLED AROUND (WITH)** /fidl daráund/

TOQUETEAR, JUGUETEAR

Deja de juguetear con tu fidget spinner.	Stop **fiddling around** with your fidget spinner.
Él estaba tan nervioso que estuvo jugueteando con su bolígrafo durante toda la entrevista.	He was so nervous that he **fiddled around** with his pen during the entire interview.
Llevas media hora jugueteando con tus anillos. ¿Qué te pasa?	You've **fiddled around** with your rings for half an hour now. What's wrong?

* En inglés británico es más común emplear **about: to fiddle about (with)**

151 **FIGHT BACK** /fáit bak/ | **FOUGHT BACK** /foot bak/ | **FOUGHT BACK** /foot bak/ | **CONTRAATACAR, DEFENDERSE**

No bajes la guardia y contraataca.	Don't let you guard down and **fight back**.
Me atacaron en la reunión pero cuando vi una oportunidad, contraataqué.	They attacked me in the meeting but when I saw a chance, I **fought back**.
Él se ha estado defendiendo durante los últimos dos meses.	He's **fought back** for the past two months.

152 **FIGURE OUT** /figa(r)áut/ | **FIGURED OUT** /fíga(r) dáut/ | **FIGURED OUT** /fíga(r) dáut/ | **AVERIGUAR, DETERMINAR, RESOLVER, DESCIFRAR**

Es un tipo tan raro. No logro entenderle.	He's such a strange guy. I can't **figure** him **out**.
Averigüé una manera de evitar pagar la multa	I **figured out** a way to avoid paying the fine.
Ella aún no ha determinado cuál ha sido el problema.	She hasn't **figured out** yet what the problem was.

153 **FILL IN FOR** /filínfoo(r)/ | **FILLED IN FOR** /fil dínfoo(r)/ | **FILLED IN FOR** /fil dínfoo(r)/ | **SUSTITUIR, REEMPLAZAR**

Sustituyo a Jane. Está mala.	I'm **filling in for** Jane. She's sick.
Él sustituyó a Bob cuando Bob se fue de la empresa.	He **filled in for** Bob when Bob left the company.
¿Alguna vez has sustituido a alguien en el trabajo?	Have you ever **filled in for** anybody at work?

154 FILL IN | FILLED IN | FILLED IN

/filín/ /fil din/ /fil din/

PONER AL TANTO

Siéntate. Te tengo que poner al día de lo que ha estado pasando.	Sit down. I have to **fill** you **in** about what has been going on.
Ella lo sabe. La puse al tanto.	She knows. I **filled** her **in**.
¿Ya has puesto al tanto a tu equipo?	Have you **filled in** your team yet?

155 FILL OUT* | FILLED OUT | FILLED OUT

/filáut/ /fil dáut/ /fil dáut/

RELLENAR, COMPLETAR

Rellena este formulario, por favor.	**Fill out** this form, please.
Ella rellenó los papeles de su visado.	She **filled out** her visa papers.
No has puesto tu nombre aquí.	You haven't **filled out** your name here.

* También podemos emplear la preposición **in** para decir **rellenar** o **completar**. Sería **to fill in a form**, por ejemplo.

156 FILL UP | FILLED UP | FILLED UP

/filáp/ /fil dap/ /fil dap/

LLENAR

Me apetece otro café. ¿Podrías llenar mi taza, por favor?	I feel like another coffee. Could you please **fill up** my cup?
Ella fue a la gasolinera y llenó el depósito.	She went to the gas station and **filled up** the car.
He llenado la nevera para esta noche.	I've **filled up** the fridge for tonight.

157 **FIND OUT (ABOUT)** | **FOUND OUT (ABOUT)** | **FOUND OUT (ABOUT)** | **ENTERARSE DE, DESCUBRIR**

/faindáut/ | /fáun dáut/ | /fáun dáut/

Intenta averiguar qué pasó.	Try and **find out** what happened.
Ella se enteró de que el director general se iba de la compañía.	She **found out** that the CEO was leaving the company.
¿Te has enterado de por qué ella no vino a la presentación?	Have you **found out** why she didn't come to the presentation?

158 **FINISH OFF** | **FINISHED OFF** | **FINISHED OFF** | **TERMINAR, COMPLETAR, ACABAR, LIQUIDAR**

/finishóf/ | /fínish dof/ | /fínish dof/

Ella siempre completa los informes antes de la reunión semanal.	She always **finishes off** the reports before the weekly meeting.
Al final de la película el policía liquidó al villano.	At the end of the movie, the police officer **finished off** the villain.
He terminado todo lo que tenía que hacer hasta ahora.	I've **finished off** everything I had to do so far.

159 **FINISH UP** | **FINISHED UP** | **FINISHED UP** | **TERMINAR, ACABARSE**

/finisháp/ | /fínish dap/ | /fínish dap/

Venga, termínate la sopa.	Come on, **finish up** your soup.
Puedes salir solo si has terminado los deberes.	You can go out only if you **finished up** your homework.
Él ya ha terminado el informe.	He's already **finished up** the report.

160 **FIRE UP** /faiaáp/ | **FIRED UP** /fáia dap/ | **FIRED UP** /fáia dap/

ENCENDER, PONER EN MARCHA, ANIMAR

Estoy animada después de que mi jefe me hablara de mi subida de sueldo.	I'm **fired up** after my boss told me about my pay rise.
Él puso en marcha el coche y se fue a casa.	He **fired up** the car and drove home.
Él ha preparado la carne y ha encendido la barbacoa.	He's prepared the meat and **fired up** the barbecue.

161 **FIT IN (WITH)** /fitín/ | **FIT* IN (WITH)** /fitín/ | **FIT* IN (WITH)** /fitín/

ADAPTARSE, ENCAJAR, ACOMODAR

Estoy programando la reunión para mañana. ¿Te encaja?	I'm scheduling the meeting for tomorrow. Can you **fit** it **in**?
Cuando era más joven no congenié muy bien con los niños de mi clase.	When I was younger, I didn't really **fit in with** the children in my class.
Te he hecho un hueco para esta tarde. ¿Puedes venir?	I've **fit** you **in** this afternoon. Can you make it?

* **Fit** es una de esos verbos que tienen dos formas del pasado simple y participio ya que también puede ser regular: **fit in** → **fitted in** → **fitted in**.

162 **FLIP OUT** /flipáut/ | **FLIPPED OUT** /flip dáut/ | **FLIPPED OUT** /flip dáut/

VOLVERSE LOCO, PERDER LOS NERVIOS

Ella se vuelve loca cuando las cosas no salen como a ella le gustaría.	She **flips out** when things don't go her way.
Él perdió los nervios después de hablar con su jefe.	He **flipped out** after he talked to his boss.
Nunca he perdido los nervios cuando mis hijos han estado cerca.	I've never **flipped out** when my children were around.

163 **FLY BACK** /flái bak/ | **FLEW BACK** /flu bak/ | **FLOWN BACK** /flóun bak/ | **VOLAR DE VUELTA**

He aterrizado hoy y vuelo de vuelta mañana.	I landed today and I'll **fly back** tomorrow.
Él ya no está aquí. Regresó a casa (en avión) la semana pasada.	He's not here anymore. He **flew back** home a week ago.
Nosotros nunca hemos vuelto a casa (en avión) juntos.	We've never **flown back** home together.

164 **FLY BY** /flái bái/ | **FLEW BY** /flu bái/ | **FLOWN BY** /flóun bái/ | **VOLAR**

Las clases de inglés en Vaughan Systems se pasan volando.	English classes at Vaughan Systems **fly by**.
Fue una cita tan agradable. ¡El tiempo pasó volando!	It was such a great date. Time **flew by**!
No puedo creer que casi estemos en octubre. Este año ha pasado volando.	I can't believe it's almost October. This year has **flown by**.

165 **FLY OVER** /flái óuvvva/ | **FLEW OVER** /flu óuvvva/ | **FLOWN OVER** /flóu nóuvvva/ | **SOBREVOLAR**

Un helicóptero sobrevuela mi casa todos los días.	A helicopter **flies over** my house every day.
El avión sobrevoló París.	The airplane **flew over** Paris.
Nunca he sobrevolado el Atlántico.	I've never **flown over** the Atlantic.

166 **FOLLOW UP ON** /folouápon/ | **FOLLOWED UP ON** /fólou dápon/ | **FOLLOWED UP ON** /fólou dápon/

INVESTIGAR, HACER SEGUIMIENTO

¿Puedes hacer seguimiento de este asunto?	Can you follow up on this issue?
Recursos Humanos investigó la queja.	HR followed up on the complaint.
No he hecho seguimiento de lo que pasó en la reunión.	I haven't followed up on what happened in the meeting.

167 **FOOL AROUND (WITH)** /fuularáund/ | **FOOLED AROUND (WITH)** /fuul daráund/ | **FOOLED AROUND (WITH)** /fuul daráund/

TONTEAR CON, DIVERTIRSE CON, HACER EL TONTO

Deja de hacer el tonto.	Stop fooling around.
Cuando estaban en el instituto, tontearon.	When they were in high school, they fooled around.
Él nunca ha tonteado con una compañera de trabajo.	He's never fooled around with a work colleague.

168 **FREAK OUT** /friikáut/ | **FREAKED OUT** /friik táut/ | **FREAKED OUT** /friik táut/

PERDER LOS PAPELES, ASUSTARSE, ENLOQUECER

No hagas eso. Me estás asustando.	Don't do that. You're freaking me out.
A él le entró el pánico cuando su mujer se puso de parto.	He freaked out when his wife went into labor.
A pesar de las pérdidas, el director general no ha perdido los papeles aún.	In spite of the losses, the CEO hasn't freaked out yet.

169

FRIGHTEN INTO /fraitenintu/ — **FRIGHTENED INTO** /fráiten díntu/ — **FRIGHTENED INTO** /fráiten díntu/

COACCIONAR, INTIMIDAR

No me puedes intimidar para que haga esto.	You can't **frighten** me **into** doing this.
Ella le coaccionó para que tomara esa decisión.	She **frightened** him **into** making that decision.
Mi jefe no me ha intimidado. Yo quería dar la presentación.	My boss hasn't **frightened** me **into** anything. I wanted to give the presentation.

170

FROWN ON /fráunon/ — **FROWNED ON** /fráun don/ — **FROWNED ON** /fráun don/

MIRAR MAL, FRUNCIR EL CEÑO, DESAPROBAR

No le mires mal.	Don't **frown on** him.
El profesor frunció el ceño por lo que dijo el alumno.	The teacher **frowned on** what the student said.
Nunca te he desaprobado.	I've never **frowned on** you.

171

GATHER AROUND* /gázar aráund/ — **GATHERED AROUND** /gázar daráund/ — **GATHERED AROUND** /gázar daráund/

ACERCARSE, REUNIRSE, AGRUPARSE

Cuando ponen las noticias nos reunimos delante de la tele.	When the news is on, we **gather around** the TV.
Un grupo de personas se acercó para ver qué había pasado.	A group of people **gathered around** to see what had happened.
Se han reunido alrededor de la hoguera.	They've **gathered around** the campfire.

* En inglés británico es más común decir **gather round**.

172

GEAR UP (FOR) /guieráp/ | **GEARED UP (FOR)** /guíer dap/ | **GEARED UP (FOR)** /guíer dap/ | **PREPARARSE (PARA)**

La clase se está preparando para el día de Acción de Gracias.	The class is **gearing up for** Thanksgiving.
Los montañeros se prepararon antes de empezar su caminata.	The mountaineers **geared up** before starting their hike.
La empresa se ha preparado para su 40 aniversario.	The company has **geared up for** its 40th anniversary.

173

GET ABOUT* /guetabáut/ | **GOT ABOUT** /gotabáut/ | **GOT** ABOUT** /gotabáut/ | **MOVERSE, DESPLAZARSE, VIAJAR**

¡Tú sí que viajas!	You do **get about**, don't you!
Ella viajó bastante antes de empezar la universidad.	She **got about** before starting university.
Hasta en ciudades que no conocía, siempre me he desplazado con facilidad.	Even in cities I didn't know, I've always **got about** easily.

* En inglés americano también se puede decir **to get around**.
** En inglés americano se emplea más **gotten** en la forma del participio.

174

GET ACROSS /guetakrós/ | **GOT ACROSS** /gotakrós/ | **GOT ACROSS** /gotakrós/ | **EXPRESAR, HACER ENTENDER, TRANSMITIR**

No estoy segura de estar haciéndome entender.	I'm not sure I'm **getting** my point **across**.
Él expresó sus ideas durante la reunión.	He **got** his ideas **across** during the meeting.
¿He expresado bien mi visión de este proyecto o tenéis preguntas?	Have I **got** my vision of this project **across** or do you have any questions?

175 GET AHEAD OF — GOT AHEAD OF — GOT AHEAD OF

ADELANTAR, DEJAR ATRÁS

/guetahhhédof/ — /gotahhhédof/ — /gotahhhédof/

Él trabaja tan rápido que adelanta a todo el mundo.	He works so fast that he **gets ahead of** everybody.
Ella entrenó duro así que dejó atrás a todo el mundo en la carrera.	She trained hard so she **got ahead of** everybody in the race.
Me has adelantado demasiadas veces. Esta vez no te dejaré ganar.	You've **got ahead of** me too many times. I won't let you win this time.

176 GET ALONG (WITH) — GOT ALONG (WITH) — GOT ALONG (WITH)

LLEVARSE BIEN (CON)

/guetalóon(g)/ — /gotalóon(g)/ — /gotalóon(g)/

¡Ellos se llevan muy bien!	They **get along** great!
Al principio no me llevaba bien con mi jefe.	At first, I didn't **get along** with my boss.
Ella se lleva bien con su gemela desde que tiene memoria.	She's **got along** with her twin ever since she can remember.

177 GET AT — GOT AT — GOT AT

INSINUAR, QUERER LLEGAR A, METERSE CON ALGUIEN

/guétat/ — /gótat/ — /gótat/

Lo que quiero decir es que los despidos no eran la solución.	What I'm **getting at** is that the layoffs weren't the solution.
Ella se metió conmigo cuando le dije que no podía ir.	She **got at** me when I told her I couldn't go.
Sentí que se habían metido conmigo.	I felt I'd been **got at**.

178 **GET AWAY** /guetauéi/ | **GOT AWAY** /gotauéi/ | **GOT AWAY** /gotauéi/ | **ESCAPAR, FUGARSE, HUÍR**

No dejes escapar esta oportunidad.	Don't let this chance **get away**.
El ladrón escapó sin que lo vieran.	The thief **got away** without being seen.
Ha huido demasiadas veces. Esta vez la tenemos que atrapar.	She's **got away** too many times now. We have to catch her this time.

179 **GET AWAY WITH** /guetauéi uíz/ | **GOT AWAY WITH** /gotauéi uíz/ | **GOT AWAY WITH** /gotauéi uíz/ | **SALIRSE CON LA SUYA, SALIR IMPUNE**

Da igual lo que hagas, siempre te sales con la tuya.	It doesn't matter what you do, you always **get away with** murder.
Creo que me salí con la mía.	I think I **got away with** it.
¿Alguna vez has salido impune tras hacer trampas?	Have you ever **got away with** cheating?

180 **GET BACK** /guet bek/ | **GOT BACK** /got bek/ | **GOT BACK** /got bek/ | **VOLVER, REGRESAR**

¡Ven aquí ahora mismo! No he terminado de hablar contigo.	**Get back** here right now! I'm not done talking to you.
Él volvió muy tarde anoche.	He **got back** really late last night.
Ella aún no ha vuelto.	She **hasn't got back** yet.

181 **GET BY** /guet bái/ — **GOT BY** /got bái/ — **GOT BY** /got bái/ — **SALIR ADELANTE, APAÑARSE, HACERSE ENTENDER**

Mi inglés no es fluido pero me hago entender.	My English isn't fluent, but I **get by**.
Su abuela (de él) salió adelante con su baja pensión.	His grandma **got by** on her low pension.
Hasta ahora me he apañado sin coche pero ahora que vivo en las afueras, necesito uno.	Up until now, I have **got by** without a car, but now that I live on the outskirts, I need one.

182 **GET DOWN** /guet dáun/ — **GOT DOWN** /got dáun/ — **GOT DOWN** /got dáun/ — **BAJAR, DESANIMAR**

¡Bájate de ese árbol! ¡Te podrías hacer daño!	**Get down** from that tree! You could hurt yourself!
Anoche me desanimaste bastante.	You really **got** me **down** last night.
El hecho de haber suspendido el examen de conducir le ha desanimado.	The fact that he failed the driving test has **got** him **down**.

183 **GET DOWN TO** /guet dáuntu/ — **GOT DOWN TO** /got dáuntu/ — **GOT DOWN TO** /got dáuntu/ — **EMPEZAR A HABLAR DE, PONERSE MANOS A LA OBRA**

Pongámonos manos a la obra.	Let's **get down to** business.
Quedaron y empezaron a hablar de lo esencial.	They met and **got down to** the nitty gritty.
Llevamos tres horas aquí y aún no hemos empezado a hablar de lo que es importante.	We've been here for three hours and we still haven't **got down to** business.

184 **GET IN** /guetín/ | **GOT IN** /gotín/ | **GOT IN** /gotín/ | **ENTRAR, LLEGAR**

Cierra la ventana. Está entrando mucho aire frío.	Close the window. A lot of cold air is **getting in**.
¿Cómo entraste tú?	How did you **get in**?
¿Ya has llegado a casa?	Have you **got in** yet?

185 **GET INTO** /guetíntu/ | **GOT INTO** /gotíntu/ | **GOT INTO** /gotíntu/ | **METERSE EN, SUBIR(SE) A, ENGANCHARSE A**

Me estoy enganchando bastante a este juego de ordenador.	I'm really **getting into** this computer game.
He cabido en este pantalón. He debido de haber perdido un kilo o dos.	I **got into** these pants. I must have lost a kilo or two.
Acabo de subirme al taxi.	I've just **got into** the cab.

186 **GET OFF** /guetóf/ | **GOT OFF** /gotóf/ | **GOT OFF** /gotóf/ | **BAJARSE, SALIRSE, TERMINAR DE TRABAJAR**

Ella normalmente termina de trabajar a las 5 de la tarde.	She usually **gets off** work at 5 p.m.
Él se bajó en la parada de autobús equivocada.	He **got off** at the wrong bus stop.
Aún tienes tiempo. Ni me he bajado del avión todavía.	You still have time. I haven't even **got off** the airplane yet.

187 **GET ON** | **GOT ON** | **GOT ON** | **SUBIRSE, PROGRESAR, LLEVARSE**

/guetón/ /gotón/ /gotón/

Ellos se llevan muy bien.	They **get on** really well.
Ella se subió al autobús tras esperar media hora.	She **got on** the bus after waiting for half an hour.
¿Cómo te va la vida?	How have you been **getting on**?

188 **GET ON SOMETHING** | **GOT ON SOMETHING** | **GOT ON SOMETHING** | **PONERSE CON ALGO**

/guetón saamzin(g)/ /gotón saamzin(g)/ /gotón saamzin(g)/

Me pongo con ello ahora mismo.	I'll **get on** it straight away.
Él se puso con la tarea en cuanto su jefe se lo dijo.	He **got on** the assignment as soon as his boss told him.
He estado muy ocupada así que no me he puesto con la presentación aún.	I've been really busy so I haven't **got on** the presentation yet.

189 **GET ON WITH** | **GOT ON WITH** | **GOT ON WITH** | **SEGUIR, RETOMAR, PROCEDER CON**

/guetón uíz/ /gotón uíz/ /gotón uíz/

Procede con tu explicación por favor.	**Get on with** your explanation, please.
Ella retomó su discurso tras la breve interrupción.	She **got on with** her speech after the brief interruption.
¿Cómo sigues con tu tesis, Cristina?	How have you been **getting on with** your thesis, Cristina?

190 **GET OUT (OF)** /guetáut/ — **GOT OUT (OF)** /gotáut/ — **GOT OUT (OF)** /gotáut/

ESCAPAR, SALIR, LARGARSE

¡Lárgate! No te quiero volver a ver.	**Get out**! I don't want to see you again.
Gracias a Dios que él salió del coche a tiempo.	Thank God he **got out of** the car in time.
Acabamos de salir de la casa encantada. ¡Ha sido genial!	We've just **got out of** the haunted house. That was so much fun!

191 **GET OVER** /guetóuvvva/ — **GOT OVER** /gotóuvvva/ — **GOT OVER** /gotóuvvva/

RECUPERARSE, SUPERAR, OLVIDAR

Él no puede olvidarla.	He can't **get over** her.
Superé el hecho de que lo despidieran un mes después de que sucediera.	I **got over** him getting fired a month after it happened.
Aún no me he recuperado del catarro. Todavía no me encuentro bien.	I haven't **got over** my cold yet. I still don't feel well.

192 **GET RID OF** /guet rídof/ — **GOT RID OF** /got rídof/ — **GOT RID OF** /got rídof/

DESHACERSE DE

Me voy a deshacer de todos estos antiguos CDs.	I'm going to **get rid of** all these old CDs.
Cuando ella se mudó se deshizo de todos sus utensilios de cocina viejos.	When she moved, she **got rid of** her old kitchen utensils.
Hasta ahora nos hemos deshecho de los muebles y los libros viejos.	So far, we've **got rid of** the old furniture and the old books.

193 **GET SOMETHING BACK** | GOT SOMETHING BACK | GOT SOMETHING BACK — **RECUPERAR ALGO, DEVOLVER**

/guet sssámzin(g) bek/ /got sssámzin(g) bek/ /got sssámzin(g) bek/

Tengo que recuperar mis antiguos cuadernos.	I have to **get** my old notebooks **back**.
Ella le prestó un libro y lo recuperó dos años después.	She lent him a book and **got** it **back** two years later.
Dejé mi coche en el taller hace tres días y aún no me lo han devuelto.	I left my car at the mechanic's three days ago and I haven't **got** it **back** yet.

194 **GET THROUGH TO** | GOT THROUGH TO | GOT THROUGH TO — **COMUNICARSE CON, HACER ENTENDER A ALGUIEN**

/guetzrú tu/ /gotzrú tu/ /gotzrú tu/

La línea está ocupada, no puedo comunicarme con la oficina.	The line's busy, I can't **get through to** the office.
Ella no pudo ponerse en contacto con la consulta del médico.	She couldn't **get through to** the doctor's surgery.
Por fin se lo he hecho entender. Ahora comprende que no se puede portar así.	I've finally **got through to** him. Now he understands that he can't behave like that.

195 **GET TOGETHER** | GOT TOGETHER | GOT TOGETHER — **JUNTARSE, REUNIRSE**

/guet tuguézer/ /got tuguézer/ /got tuguézer/

Ellos se juntan una vez al mes.	They **get together** once a month.
Nos reunimos con los accionistas y hablamos del futuro de la compañía.	We **got together** with the shareholders and talked about the company's future.
Mi familia lleva sin reunirse desde Navidad.	My family hasn't **got together** since Christmas.

196 **GET UP** /guetáp/ — **GOT UP** /gotáp/ — **GOT UP** /gotáp/

LEVANTARSE, PONERSE DE PIE

Me levanto todos los días a las 6 de la mañana.	I get up at 6 a.m. every morning.
Todo el público se levantó y aplaudió.	The entire audience got up and applauded.
Ella ya se ha levantado.	She's already got up.

197 **GET UP TO** /guetáptu/ — **GOT UP TO** /gotáptu/ — **GOT UP TO** /gotáptu/

LLEGAR HASTA, ALCANZAR, HACER TRAVESURAS

Intentemos llegar al último capítulo hoy.	Let's try to get up to the last chapter today.
Los niños han hecho todo tipo de travesuras.	The kids got up to all kinds of things.
La clase ha llegado hasta la página cinco del libro hoy.	The class has got up to page five of the book today.

198 **GIVE AWAY** /guivvvauéi/ — **GAVE AWAY** /gueivvvauéi/ — **GIVEN AWAY** /guivvvenauéi/

REGALAR, DONAR, REVELAR

¡No des más pistas! Vas a revelar qué es el regalo.	Don't give any more clues! You're going to give away what the present is.
Regalaron muchas camisetas en el evento.	They gave away a lot of T-shirts at the event.
Ella ha donado toda su ropa vieja.	She's given away all of her old clothes.

199 GIVE BACK — GAVE BACK — GIVEN BACK — DEVOLVER

/guivvvbék/ /gueivvvbék/ /guivvvenbék/

Devuélveme el teléfono.	**Give** me my phone **back**.
Lo devolví la semana pasada.	I **gave** it **back** last week.
No te he devuelto el dinero aún porque no nos han pagado.	I haven't **given** you the money **back** yet because we didn't get paid.

200 GIVE IN — GAVE IN — GIVEN IN — RENDIRSE, DARSE POR VENCIDO, CAER EN LA TENTACIÓN, CEDER

/guivvvín/ /gueivvvín/ /guivvvenín/

Si cedes ahora, siempre tendrás que hacerlo.	If you **give in** now, you will always have to do it.
Tras luchar contra las ganas de fumar, finalmente se rindió.	After fighting the urge to smoke, he finally **gave in**.
Es el último día de la Cuaresma y no he caído en la tentación de comer nada dulce durante más de cuatro semanas.	It's the last day of Lent and I haven't **given in** to eating anything sweet for more than four weeks.

201 GIVE OFF — GAVE OFF — GIVEN OFF — DESPRENDER, EMITIR, ENVIAR

/guivvvóf/ /gueivvvóf/ /guivvvenóf/

Tu abrigo desprende un olor raro.	Your coat **gives off** a strange smell.
Él enviaba señales confusas en la fiesta.	He **gave off** mixed signals at the party.
Ese leño no ha desprendido mucho calor, ¿verdad?	That log hasn't **given off** much heat, has it?

202 **GIVE OUT** /guivvváut/ | **GAVE OUT** /gueivvváut/ | **GIVEN OUT** /guivvvenáut/ | **REPARTIR, DISTRIBUIR, DAR**

¿Quién está repartiendo estas muestras? — Who is **giving out** these samples?

Él distribuyó todos sus libros entre los invitados. — He **gave out** all of his books to his guests.

¿Has estado repartiendo chuches antes de comer? — Have you been **giving out** candy before lunch?

203 **GIVE UP (ON)** /guivvváp/ | **GAVE UP (ON)** /gueivvváp/ | **GIVEN UP (ON)** /guivvvenáp/ | **DEJAR DE, RENDIRSE, DESISTIR**

¡No te rindas! Tú puedes. — Don't **give up**! You can do it.

Dejé de fumar hace seis años. — I **gave up** smoking six years ago.

Ella no ha desistido en su empeño de aprender inglés. — She hasn't **given up** on learning English.

204 **GO AFTER** /gouáfte(r)/ | **WENT AFTER** /uentáfte(r)/ | **GONE AFTER** /gonáfte(r)/ | **PERSEGUIR, IR A POR, SEGUIR, IR DETRÁS DE**

El número cinco sigue al número cuatro. — Number five **goes after** number four.

Tras terminar la licenciatura ella se fue a por un máster. — After finishing her degree, she **went after** a master.

—¿Dónde está Paul?
—Se ha ido detrás del perro.

—Where's Paul?
—He's **gone after** the dog.

205 GO AGAINST — WENT AGAINST — GONE AGAINST

OPONERSE, IR EN CONTRA DE, DESOÍR

/gouaguénssst/ /uentaguénssst/ /gonaguénssst/

No siempre puedes ir en contra de lo que digo yo.	You can't always **go against** everything I say.
Él desoyó los consejos de su jefe.	He **went against** his boss's advice.
No debería haber ido en contra de las reglas.	I shouldn't have **gone against** the rules.

206 GO ALONG WITH — WENT ALONG WITH — GONE ALONG WITH

ESTAR DE ACUERDO, CONSENTIR, ACEPTAR

/goualón(g) uíz/ /uentalón(g) uíz/ /gonalón(g) uíz/

No hagas preguntas. Simplemente acéptalo.	Don't ask any questions. Just **go along with** it.
Él aceptó su decisión (de ellos).	He **went along with** their decision.
He consentido cada sugerencia pero no estoy de acuerdo con esta.	I've **gone along with** every suggestion but I don't agree with this one.

207 GO AROUND — WENT AROUND — GONE AROUND

GIRAR, DAR VUELTAS, CIRCULAR, RODEAR

/gouaráund/ /uentaráund/ /gonaráund/

Rodea la manzana. Allí hay sitio de sobra para aparcar.	**Go around** the block. There is plenty of space to park there.
Un virus circulaba por la oficina y mucha gente se puso enferma.	A virus **went around** the office and a lot of people got sick.
El niño ha dado tantas vueltas que empezó a marearse.	The boy has **gone around** so many times that he started to feel dizzy.

208 **GO AWAY** /gouauéi/ — **WENT AWAY** /uentauéi/ — **GONE AWAY** /gonauéi/

IRSE, LARGARSE, IRSE DE VIAJE

¡Lárgate! ¡No te quiero volver a ver nunca más!	Go away! I don't want to see you ever again!
Dijo lo que tenía que decir y se fue.	He said what he had to say and went away.
Me he ido de viaje todos los fines de semana en lo que va de mes.	I've gone away every weekend so far this month.

---

209 **GO BACK** /góu bek/ — **WENT BACK** /uént bek/ — **GONE BACK** /gon bek/

VOLVER, REGRESAR, RETROCEDER, RETOMAR

Ojalá pudiera volver atrás en el tiempo.	I wish I could go back in time.
Él volvió al apartamento porque había olvidado apagar las luces.	He went back to the apartment because he had forgotten to switch off the lights.
Hemos regresado allí demasiadas veces.	We've gone back too many times.

---

210 **GO DOWN** /góu dáun/ — **WENT DOWN** /uént dáun/ — **GONE DOWN** /gon dáun/

BAJAR, DESCENDER, DISMINUIR

El sol se esconde sobre las 8 de la tarde.	The sun goes down around 8 p.m.
Ella bajó las escaleras silenciosamente y cerró la puerta.	She quietly went down the stairs and locked the door.
Los precios han disminuido desde el año pasado.	Prices have gone down since last year.

211 **GO FOR** /góu foo(r)/ — **WENT FOR** /uént foo(r)/ — **GONE FOR** /gon foo(r)/

ELEGIR, IR A DAR, VENDERSE POR

Creo que voy a elegir el sándwich de carne mechada.	I think I'll **go for** the pulled pork sandwich.
El cuadro se vendió por dos millones de euros.	The painting **went for** two million euros.
No hemos ido a dar un paseo desde hace una semana o así. Vayamos ahora.	We haven't **gone for** a walk in a week or so. Let's go now.

212 **GO IN** /gouín/ — **WENT IN** /uén tin/ — **GONE IN** /go nin/

ENTRAR

Entra y siéntate. El médico te llamará.	**Go in** and sit down. The doctor will call you.
Ella llegó al cine y entró.	She arrived at the movie theatre and **went in**.
Estoy delante del museo pero aún no he entrado.	I'm in front of the museum but I haven't **gone in** yet.

213 **GO OFF** /gouóf/ — **WENT OFF** /uén tof/ — **GONE OFF** /go nof/

EXPLOTAR, SONAR, ESTROPEARSE

Mi alarma suena cada mañana a las 5.45.	My alarm clock **goes off** every morning at 5.45 a.m.
Una bomba explotó en la calle.	A bomb **went off** on the street.
Esa es la segunda vez este mes que la carne se estropea.	That's the second time this month that the meat has **gone off**.

214 **GO ON** /gouón/ — **WENT ON** /uén ton/ — **GONE ON** /go non/ — SALIR (DE VIAJE), SEGUIR, CONTINUAR, NO DEJAR (DE HABLAR)

Sigue, tu historia es realmente interesante.	**Go on**, your story is really interesting.
Él salió de viaje la semana pasada.	He **went on** a trip last week.
No has parado de hablar de ese chico en todo el día. Llámale y pídele una cita de una vez.	You've **gone on** and on about that guy all day. Just call him and ask him out.

215 **GO OUT (WITH)** /gouáut/ — **WENT OUT (WITH)** /uén táut/ — **GONE OUT (WITH)** /go náut/ — SALIR, APAGARSE

Ella sale todos los viernes y sábados.	She **goes out** every Friday and Saturday.
Había tanto viento que todas las velas se apagaron.	The wind blew so hard that all the candles **went out**.
Él ha salido con sus amigos.	He's **gone out** with his friends.

216 **GO OVER** /gouóuvvve(r)/ — **WENT OVER** /uén tóuvvve(r)/ — **GONE OVER** /go nóuvvve(r)/ — REVISAR, REPASAR, ANALIZAR

Analicemos estas cifras una vez más. Algo debe de estar mal.	Let's **go over** these figures once more. There must be something wrong with them.
Ella repasó sus apuntes antes de hacer el examen.	She **went over** her notes before taking the exam.
¡Aún no hemos revisado cómo van las mesas y la boda es dentro de una semana!	We haven't **gone over** the seating chart yet and the wedding is in a week!

217 **GO THROUGH** /góu zru/ — **WENT THROUGH** /uént zru/ — **GONE THROUGH** /gon zru/ — **PASAR POR, ATRAVESAR, BUSCAR ENTRE**

Ella está atravesando un momento difícil.	She's **going through** a difficult moment.
Pasé por la puerta cuando llegué.	I **went through** the gate when I got there.
¿Has buscado entre todas las cajas?	Have you **gone through** all of the boxes?

218 **GO UP** /gouáp/ — **WENT UP** /uén tap/ — **GONE UP** /go nap/ — **SUBIR, ASCENDER, AUMENTAR**

Ella no utiliza el ascensor. Siempre sube por las escaleras.	She doesn't use the elevator. She always **goes up** the stairs.
Él subió la montaña sin botella de oxígeno.	He **went up** the mountain without an oxygen tank.
Los precios de los inmuebles han aumentado desde que se recuperó la economía.	Real-estate prices have **gone up** ever since the economy recovered.

219 **GO WITH** /góu uiz/ — **WENT WITH** /uén túiz/ — **GONE WITH** /go nuíz/ — **ACOMPAÑAR A ALGUIEN, COMBINAR CON ALGO**

Este vestido no combina con estos zapatos.	This dress doesn't **go with** these shoes.
Mi marido me acompañó cuando tuve mi primera eco.	My husband **went with** me when I had my first scan.
Desde que me acuerdo, él siempre ha ido con la corriente.	Ever since I can remember, he's always **gone with** the flow.

220 GO WITHOUT — WENT WITHOUT — GONE WITHOUT

/gouuizáut/ — /uén tuizáut/ — /gon uizáut/

VIVIR SIN, PASAR SIN

Él no puede vivir sin chocolate.	Chocolate is something he can't **go without**.
Estuvieron tres años sin fumar pero luego volvieron a empezar.	They **went without** smoking for three years but then they started again.
Ella lleva meses sin comer jamón porque está embarazada.	She's **gone** months **without** eating ham because she's pregnant.

221 GROW APART — GREW APART — GROWN APART

/grouapáa(r)t/ — /gruapáa(r)t/ — /grounapáa(r)t/

ALEJARSE, DISTANCIARSE, IRSE APARTANDO

Algunas parejas se distancian tras años de matrimonio.	Some couples **grow apart** after years of marriage.
Ellos se distanciaron cuando él se mudó a otra ciudad.	They **grew apart** after he moved to a different city.
Creo que nos hemos ido distanciando desde que dejamos la universidad.	I think we've **grown apart** ever since we left university.

222 GROW OUT OF — GREW OUT OF — GROWN OUT OF

/grouáutof/ — /gru áutof/ — /gróu náutof/

PERDER, NACER DE, QUEDARLE PEQUEÑO

¿Cuándo vas a perder el hábito de discutir por todo?	When are you going to **grow out of** arguing about everything?
Al bebé se le quedaron pequeños los zapatos en un mes.	The baby **grew out of** the shoes in a month.
Estoy regalando toda la ropa que me ha quedado pequeña.	I'm giving away all of the clothes I have **grown out of**.

223 **GROW UP** | **GREW UP** | **GROWN UP** — **HACERSE MAYOR, MADURAR**

/grouáp/ | /gruáp/ | /gróu náp/

Los niños se hacen mayores demasiado rápido.	Kids **grow up** way too fast.
Él maduró en cuanto se fue de casa y se casó.	He **grew up** once he left his house and got married.
¡Caramba! ¡Estás hecho todo un hombre!	Gosh! You've **grown up**!

224 **HAND BACK** | **HANDED BACK** | **HANDED BACK** — **DEVOLVER**

/hhhand bek/ | /hhhandid bek/ | /hhhandid bek/

Devuélvemelo cuando lo hayas leído.	**Hand** it **back** when you've read it.
La profesora devolvió los exámenes.	The teacher **handed back** the exams.
He devuelto el coche pero se me ha olvidado llenar el depósito.	I've **handed back** the car but I forgot to fill it up.

225 **HAND DOWN** | **HANDED DOWN** | **HANDED DOWN** — **LEGAR, TRANSMITIR, PASAR**

/hhhandáun/ | /hhhándid dáun/ | /hhhándid dáun/

Voy a legar todo lo que tengo a mis hijos cuando me muera.	I will **hand down** everything I have to my children when I die.
Ella pasó todo su conocimiento a sus alumnos.	She **handed** all her knowledge **down** to her students.
Estas historias han sido transmitidas de generación en generación.	These stories have been **handed down** from generation to generation.

226 **HAND IN** /hhhandín/ — **HANDED IN** /hhhándid din/ — **HANDED IN** /hhhándid din/ — **ENTREGAR**

Él tiene que entregar los deberes el jueves como muy tarde.	He has to **hand in** his homework by Thursday.
Ella entregó su tesis ayer.	She **handed in** her thesis yesterday.
¿Has entregado ya el informe?	Have you **handed in** the report yet?

227 **HAND OUT** /hhhandáut/ — **HANDED OUT** /hhhándid dáut/ — **HANDED OUT** /hhhándid dáut/ — **DISTRIBUIR, REPARTIR**

El trabajo de mi primo es repartir folletos.	My cousin's job is to **hand out** flyers.
El profesor repartió la ficha.	The teacher **handed out** the worksheet.
Ella ha repartido más de cincuenta invitaciones para su fiesta de cumpleaños.	She's **handed out** over fifty invitations to her birthday party.

228 **HAND OVER** /hhhandóuvvva/ — **HANDED OVER** /hhhandi dóuvvva/ — **HANDED OVER** /hhhandi dóuvvva/ — **ENTREGAR, CEDER**

El profesor les dijo a los niños que entregasen las chuletas.	The teacher told the kids to **hand over** the cheat sheets.
Le entregué toda la documentación a mi abogada.	I **handed** all my documents **over** to my lawyer.
¿Por qué no has entregado la mercancía aún?	Why haven't you **handed over** the merchandise yet?

229 **HANG AROUND*** | **HUNG AROUND** | **HUNG AROUND** — ESPERAR, MERODEAR, MATAR EL TIEMPO, HOLGAZANEAR, FRECUENTAR, RONDAR

/hhhan(g)aráund/ /hhhaan(g)aráund/ /hhhaan(g)aráund/

La gente joven a menudo frecuenta los parques.	Young people often **hang around** in parks.
Mataron el tiempo en el centro comercial esperando a que su padre les recogiera.	They **hung around** the mall waiting for their dad to pick them up.
¡Nunca he frecuentado un parque!	I've never **hung around** in a park!

* En inglés americano es más común decir **hang about**.

230 **HANG ON** | **HUNG ON** | **HUNG ON** — MANTENERSE A LA ESPERA, ESPERAR

/hhhan(g)ón/ /hhhaan(g)ón/ /hhhaan(g)ón/

¡Espera, ahora vuelvo!	**Hang on**, I'll be right back!
Me mantuve a la espera mientras el operador consultaba mi pregunta.	I **hung on** while the operator checked on my inquiry.
¡Ya está bien de esperar!	I've **hung on** for long enough!

231 **HANG ON TO** | **HUNG ON TO** | **HUNG ON TO** — CONSERVAR, AFERRARSE A, AGARRARSE A

/hhhan(g)ón tu/ /hhhaan(g)ón tu/ /hhhaan(g)ón tu/

Agárrate a esta cuerda y no la sueltes.	**Hold on to** this rope and don't let go.
Ella se aferró a sus cuadernos de universidad durante años.	She **held on to** her university notebooks for years.
¿Has conservado la ropa de tus hijos o la has tirado?	Have you **hung on to** your children's clothes or did you throw them away?

232 **HANG OUT** /hhhan(g)áut/ | **HUNG OUT** /hhhaan(g)áut/ | **HUNG OUT** /hhhaan(g)áut/ | **PASAR EL RATO, TENDER**

A mis hijos les gusta pasar el rato en el cine.	My kids like to hang out at the movies.
Ella tendió la colada por la mañana.	She hung out the laundry in the morning.
¿Alguna vez has pasado el rato con tus primos mayores?	Have you ever hung out with your elder cousins?

233 **HANG UP** /hhhan(g)áp/ | **HUNG UP** /hhhaan(g)áp/ | **HUNG UP** /hhhaan(g)áp/ | **COLGAR**

No cuelgues este cuadro. Cuelga el otro.	Don't hung up this picture. Hang up the other one.
Él colgó el teléfono sin decir adiós.	He hung up the phone without saying goodbye.
Nunca le he colgado el teléfono a nadie.	I've never hung up on anyone.

234 **HAVE TO DO WITH** /hhheftudúuiz/ | **HAD TO DO WITH** /hhhedtudúuiz/ | **HAD TO DO WITH** /hhhedtudúuiz/ | **TENER QUE VER CON**

No tengo nada que ver con los despidos.	I don't have anything to do with the layoffs.
Él tuvo algo que ver con ese asunto antes de cambiar de trabajo.	He had something do to with that matter before changing jobs.
Ella nunca ha tenido nada que ver con las drogas.	She's never had anything to do with drugs.

235 **HEAD FOR** | **HEADED FOR** | **HEADED FOR** — **DIRIGIRSE HACIA, IR HACIA, IR RUMBO A**

/hhhédfoo(r)/ /hhhédedfoo(r)/ /hhhédedfoo(r)/

Me estoy dirigiendo hacia la playa.	I'm **heading for** the beach.
Ella se fue directamente a las rebajas.	She **headed** straight **for** the sales.
Ese proyecto entero está destinado al fracaso.	That whole project is **headed for** disaster.

236 **HEAR ABOUT** | **HEARD ABOUT** | **HEARD ABOUT** — **ENTERARSE DE, OÍR DE**

/hhhíirabaut/ /hhhéerdabaut/ /hhhéerdabaut/

Estoy oyendo muchas cosas buenas sobre el nuevo director.	I'm **hearing** a lot of good things **about** the new director.
Ella se enteró del rumor antes que lo hicieran los demás.	She **heard about** the rumor before everybody else did.
¿Te has enterado de lo que pasó?	Have you **heard about** what happened?

237 **HEAR FROM** | **HEARD FROM** | **HEARD FROM** — **TENER NOTICIAS DE, SABER DE**

/hhhiir from/ /hhheerd from/ /hhheerd from/

Ella tiene noticias de su madre todas las semanas.	She **hears from** her mom every week.
Él lo supo por su jefe.	He **heard** it **from** his boss.
He tenido noticias de Sally esta semana.	I've **heard from** Sally this week.

238 **HEAR OF** /hhhíirof/ — **HEARD OF** /hhheerdof/ — **HEARD OF** /hhheer dof/

SABER DE, ENTERARSE DE, ESCUCHAR HABLAR DE

Si me entero de alguien que quiera clases de español, te aviso.	If I **hear of** anybody looking for Spanish classes, I'll let you know.
Sabíamos del lugar pero no pensábamos que existiera de verdad.	We **heard of** the place but we didn't think it actually existed.
No he oído hablar de esa artista.	I haven't **heard of** that artist.

239 **HEAR OUT** /hhhiiráut/ — **HEARD OUT** /hhheer dáut/ — **HEARD OUT** /hhheer dáut/

ESCUCHAR LO QUE TENGA UNO QUE DECIR

No es lo que parece. Por favor escucha lo que tengo que decir.	It's not what it looks like. Please, **hear** me **out**.
Escuché lo que él tenía que decir pero no le creí ni una palabra.	I **heard** him **out** but I didn't believe a word he said.
¿Aún no has escuchado lo que ella tenía que decir? ¿Cuándo os sentaréis para hablar?	You haven't **heard** her **out** yet? When will you sit down and talk?

240 **HELP OUT** /hhhelpáut/ — **HELPED OUT** /hhhelp dáut/ — **HELPED OUT** /hhhelp dáut/

AYUDAR, ECHAR UNA MANO

¿Te puedo ayudar con el proyecto?	Can I **help** you **out** with the project?
Él me echó una mano con la mudanza.	He **helped** me **out** with the move.
No han echado una mano en la cocina hoy pero normalmente sí que lo hacen.	They haven't **helped out** in the kitchen today but they normally do.

241 HIT IT OFF | HIT IT OFF | HIT IT OFF — LLEVARSE BIEN

/hhhitidóf/ /hhhiti dof/ /hhhiti dof/

Están haciendo buenas migas.	They're **hitting it off**.
Nos llevamos bien desde el principio.	We **hit it off** straight away.
Ella no es que me caiga mal pero no nos llevamos bien aún.	It's not that I don't like her but we haven't **hit it off** yet.

242 HIT ON | HIT ON | HIT ON — TIRARLE LOS TEJOS A ALGUIEN

/hhhíton/ /hhhíton/ /hhhíton/

¿Me estás tirando los tejos?	Are you **hitting on** me?
Él le tiró los tejos pero ella no se dio cuenta.	He **hit on** her but she didn't notice.
No le he tirado los tejos a nadie en años.	I haven't **hit on** anyone for ages.

243 HOLD AGAINST | HELD AGAINST | HELD AGAINST — ECHAR EN CARA, RECRIMINAR

/hhhouldaguénst/ /hhheldaguénst/ /hhheldaguénst/

No te preocupes, no voy a echártelo en cara.	Don't worry, I'm not going to **hold** it **against** you.
Él me recriminó lo que dije en la reunión.	He **held** what I said at the meeting **against** me.
Nunca te lo he echado en cara.	I've never **held** it **against** you.

244 HOLD BACK — HELD BACK — HELD BACK

/hhhould bek/ — /hhheld bek/ — /hhheld bek/

CONTENER, RETENER, FRENAR, DETENER

Contén tu ira hasta después de la reunión.	**Hold back** your anger until after the meeting.
Dos hombres empezaron a pelear en el bar pero los vigilantes les frenaron.	Two men started fighting in the bar but the security guards **held** them **back**.
Ella se ha estado conteniendo las lágrimas desde que entró en el despacho del abogado.	She's **held back** the tears since she went into the lawyer's office.

245 HOLD OFF — HELD OFF — HELD OFF

/hhhóul dof/ — /hhhel dof/ — /hhhel dof/

ABSTENERSE, APLAZAR, DEMORAR, FRENAR

Aplaza tu viaje hasta que nos paguen.	**Hold off** your trip until after we get paid.
Ella se abstuvo de tomar alcohol cuando estaba embarazada.	She **held off** alcohol when she was pregnant.
Él ha demorado su promoción (de ella) hasta que ella ha decidido dejar la compañía.	He's **held off** her promotion until she decided to leave the company.

246 HOLD ON — HELD ON — HELD ON

/hhhóul don/ — /hhhel don/ — /hhhel don/

AGUANTAR, ESPERAR (AL TELÉFONO), NO RENDIRSE

Espere. Le paso con el Sr. Peters.	**Hold on**. I will put you through to Mr. Peters.
Él aguantó hasta que llegó la ayuda.	He **held on** until help arrived.
Se iban a divorciar hace dos años pero han aguantado hasta ahora.	They were going to get divorced two years ago but they've **held on** until now.

247 **HOLD ON TO** | **HELD ON TO** | **HELD ON TO**

/hhhóul dóntu/ | /hhheldóntu/ | /hhhel dóntu/

AFERRARSE A, AGARRARSE A

Los directores son tan testarudos que se aferran a sus ideas sin permitir la innovación.	The managers are so stubborn that they **hold on to** their ideas without allowing innovation.
Aunque me agarró del brazo, ella resbaló y se cayó.	Even though she **held on to** my arm, she slipped and fell.
Me he aferrado a mis cuadernos de la universidad durante demasiado tiempo. Creo que es hora de tirarlos.	I've **held on to** my university notebooks for too long. I think it's time to throw them away.

248 **HOLD OUT** | **HELD OUT** | **HELD OUT**

/hhhóul dáut/ | /hhhel dáut/ | /hhhel dáut/

TENDER, DURAR, RESISTIRSE, AGUANTAR

No creo que pueda aguantar mucho más.	I don't think I can **hold out** much longer.
Ella me tendió la mano y yo la agarré.	She **held out** her hand and I reached for it.
El suministro de comida ha durado el año entero.	The food supply has **held out** for the entire year.

249 **HOLD UP** | **HELD UP** | **HELD UP**

/hhhóul daap/ | /hhhel daap/ | /hhhel daap/

SOSTENER, SOPORTAR, SUJETAR, AGUANTAR

No podemos deshacernos de esta pared porque sostiene la estructura.	We can't get rid of this wall because it **holds up** the structure.
Él sujetó la señal con la mano izquierda.	He **held** the sign **up** with his left hand.
Ella ha estado aguantando muy bien desde que él perdió su trabajo.	She's been **holding up** really well since he lost his job.

250 HOP ON — HOPPED ON — HOPPED ON

/hhho pon/ /hhhop don/ /hhhop don/

SUBIRSE, MONTARSE

Súbete al autobús. Es más rápido que ir andando.	Hop on the bus. It's faster than walking.
La niña pequeña se montó en la espalda de su padre y él la llevó al parque.	The little girl hopped on her father's back and he carried her to the park.
Llevamos todo el día subiendo y bajando del autobús turístico. ¡Creo que ahora me conozco la ciudad bastante bien!	We've hopped on and off the tourist bus all day. I think I know the city quite well now!

251 HUNT DOWN — HUNTED DOWN — HUNTED DOWN

/hhhant dáun/ /hhhan tidáun/ /hhhan tidáun/

PERSEGUIR (HASTA ENCONTRAR)

Él dijo que iba a perseguirle y hacerle pagar por lo que hizo.	He said he would hunt him down and make him pay for what he did.
La policía capturó todos los mafiosos de la ciudad.	The police hunted down all the gangsters of the city.
No hay ratones en mi casa. Mis gatos han perseguido todos los ratones de la casa.	There are no mice in my house. My cats have hunted down every single mouse in the house.

252 HURRY UP — HURRIED UP — HURRIED UP

/hhhe riáap/ /hhhéri daap/ /hhhéri daap/

DARSE PRISA, APURARSE, METER PRISA

¡Date prisa! ¡Vamos tarde!	Hurry up! We're running late!
Ella se dio prisa para poder quedar con su amigo después del trabajo.	She hurried up so she could meet her friend after work.
¡Les he metido toda la prisa que he podido a los niños!	I've hurried the kids up as much as I could!

253 **INQUIRE ABOUT** /inkuáier abáut/ | **INQUIRED ABOUT** /inkuáier dabáut/ | **INQUIRED ABOUT** /inkuáier dabáut/ | **PREGUNTAR**

Estoy llamando para preguntar por las tarifas de este año.	I'm calling to inquire about this year's fees.
Ella preguntó por una subida de sueldo dos veces el mes pasado.	She inquired about a pay rise twice last month.
¿Has preguntado por los requisitos del visado para ir a EE. UU.?	Have you inquired about the visa requisites to go to the US?

254 **INVITE IN** /invvvái tin/ | **INVITED IN** /invvváite dín/ | **INVITED IN** /invvváite din/ | **INVITAR A PASAR**

¿Te puedo invitar a casa a tomar algo?	Can I invite you in for a drink?
Ella le invitó a pasar cuando llegó.	She invited him in when he arrived.
Nunca he invitado a un desconocido a casa.	I've never invited in a stranger.

255 **INVITE OUT** /invvvái táut/ | **INVITED OUT** /invvváiti dáut/ | **INVITED OUT** /invvváiti dáut/ | **INVITAR A SALIR**

Cada vez que le veo me invita a salir.	He invites me out every time I see him.
Me invitaron a salir a comer.	They invited me out for lunch.
Ella no ha invitado a salir a nadie.	She hasn't invited anybody out.

256 **IRON OUT** /ái(r)e náut/ | **IRONED OUT** /ái(r)en dáut/ | **IRONED OUT** /ái(r)en dáut/

ELIMINAR, NEUTRALIZAR, RESOLVER, ELIMINAR PLANCHANDO

Después de hacer la colada, él quita las arrugas con la plancha.	After doing the laundry, he **irons out** the creases.
Resolvimos todas las dudas que teníamos.	We **ironed out** all the doubts we had.
¿Habéis resuelto vuestras diferencias?	Have you **ironed out** your differences?

257 **JOIN IN** /chói nin/ | **JOINED IN** /chóin din/ | **JOINED IN** /chóin din/

PARTICIPAR, APUNTARSE, UNIRSE

¿Puedo participar?	Can I **join in**?
Ella se unió al debate hacia el final.	She **joined in** towards the end of the debate.
¿Por qué no has participado?	Why haven't you **joined in**?

258 **JOKE AROUND** /chóu karáund/ | **JOKED AROUND** /chóuk taráund/ | **JOKED AROUND** /chóuk taráund/

BROMEAR

Deja de bromear. Me está empezando a molestar.	Stop **joking around**. It's getting annoying.
Él bromeó toda la tarde.	He **joked around** all evening.
Ella lleva bromeando desde que llegamos aquí.	She's been **joking around** since we got here.

259 **JUMP IN** | **JUMPED IN** | **JUMPED IN** | **METERSE, SALTAR, TIRARSE, INTERVENIR**

/cham pin/ | /champ tin/ | /champ tin/

Métete por donde cubre.	**Jump in** at the deep end.
Ella intervino cuando su hijo empezó a pegar a otro niño.	She **jumped in** when her son started hitting another child.
Él nunca ha saltado a un lago.	He's never **jumped in** a lake.

260 **JUMP ON** | **JUMPED ON** | **JUMPED ON** | **SALTAR (ENCIMA DE ALGO)**

/cham pon/ | /champ ton/ | /champ ton/

A los niños les gusta saltar en la cama.	Children like to **jump on** the bed.
En la película él saltó a un tren en movimiento.	In the movie, he **jumped on** a moving train.
Hemos hecho pesas y hemos saltado en el trampolín.	We've lifted weights and we've **jumped on** the trampoline.

261 **KEEP AT** | **KEPT AT** | **KEPT AT** | **PERSISTIR, SEGUIR**

/kíipet/ | /kep tet/ | /kep tet/

Persiste y vas a tener éxito.	**Keep at** it and you will succeed.
Él siguió con ello pero luego lo dejó y engordó.	He **kept at** it but then he stopped and got fat.
Ella ha persistido y finalmente ha aprobado el examen oral.	She's **kept at** it and she finally passed the oral exam.

262 **KEEP AWAY FROM** /kii pauéifrom/ | **KEPT AWAY FROM** /kep tauéifrom/ | **KEPT AWAY FROM** /kep tauéifrom/ | **MANTENERSE ALEJADO DE**

Mantente alejado de perros que no conoces. — Keep away from dogs you don't know.

Los niños jugaron fuera pero se mantuvieron lejos de sitios peligrosos. — The kids played outside but they kept away from dangerous places.

Nunca te has mantenido lejos del peligro, ¿verdad? — You've never kept away from danger, have you?

263 **KEEP DOWN** /kiip dáun/ | **KEPT DOWN** /kept dáun/ | **KEPT DOWN** /kept dáun/ | **LIMITAR, MANTENER ABAJO**

¡Shhhh! ¡Baja la voz! — Shhhh! Keep your voice down!

Se mantuvo agachado para que nadie lo viera. — He kept down so that nobody could see him.

Nada me ha limitado jamás. ¡Tú tampoco! — Nothing has ever kept me down. You won't either!

264 **KEEP IN** /kii pin/ | **KEPT IN** /kep tin/ | **KEPT IN** /kep tin/ | **CONTENER, REPRIMIR**

Intenta contener tu emoción. — Try to keep in your excitement.

Él se guardó para sí mismo su opinión de su jefe. — He kept in his opinion of his boss.

He estado reprimiendo mis sentimientos hasta hoy. — I've kept my feelings in until today.

265 **KEEP OFF** | **KEPT OFF** | **KEPT OFF** | **MANTENERSE ALEJADO DE**

/kii pof/ | /kep tof/ | /kep tof/

No pises el césped.	**Keep off** the lawn.
Él no tomó alcohol durante la Cuaresma.	He **kept off** alcohol during Lent.
Desde que dejamos de fumar, nos hemos mantenido alejados de los cigarros.	Since we stopped smoking, we've **kept off** cigarettes.

266 **KEEP ON** | **KEPT ON** | **KEPT ON** | **SEGUIR, INSISTIR, DEJAR PUESTO**

/kii pon/ | /kep ton/ | /kep ton/

Sigue llamando, a lo mejor te lo cogen.	**Keep on** calling, maybe you'll get through.
Me dejé puestos los vaqueros después de mancharlos con kétchup.	I **kept** my jeans **on** after I got some ketchup on them.
Ella ha seguido dando lo mejor de sí misma aunque no consiguió el aumento de sueldo que le prometieron.	She's **kept on** doing her best even though she didn't get the pay rise she was promised.

267 **KEEP OUT** | **KEPT OUT** | **KEPT OUT** | **NO DEJAR ENTRAR, NO PASAR, BLOQUEAR**

/kii páut/ | /kep táut/ | /kep táut/

Ella no entra en la cocina cuando él cocina.	She **keeps out** of the kitchen when he cooks.
Yo no he entrado en tu habitación cuando no estabas.	I **kept out** of your room when you were gone.
Hemos bloqueado la luz hasta ahora.	We've **kept out** the light up until now.

268 **KEEP UP WITH** /kii pápuiz/ | **KEPT UP WITH** /kep tápuiz/ | **KEPT UP WITH** /kep tápuiz/

SEGUIR EL RITMO, ESTAR AL TANTO DE

No puedo seguirte el ritmo.	I can't **keep up with** you.
Ella estuvo al tanto de los cambios en su empresa.	She **kept up with** the changes in her company.
Él se ha mantenido al día con las tareas en la universidad en lo que va de curso.	He's **kept up with** his assignments at university so far this course.

269 **KICK OFF** /kikóf/ | **KICKED OFF** /kik tof/ | **KICKED OFF** /kik tof/

ARRANCAR, EMPEZAR

Ella siempre empieza su espectáculo con una sorpresa.	She always **kicks off** her show with a big surprise.
La feria del libro comenzó la semana pasada.	The book fair **kicked off** last week.
¿Ha empezado el festival ya?	Has the festival **kicked off** yet?

270 **KICK OUT** /ki káut/ | **KICKED OUT** /kik táut/ | **KICKED OUT** /kik táut/

EXPULSAR, ECHAR

El profesor te expulsará si copias en el examen.	The teacher will **kick** you **out** it you cheat on the exam.
El casero le echó después de que dejara de pagar el alquiler.	The landlord **kicked** him **out** after he stopped paying rent.
El entrenador ha echado a dos jugadores en lo que va de mes.	The coach has **kicked out** two players so far this month.

271 **KNOCK DOWN** /nok dáun/ | **KNOCKED DOWN** /nokt dáun/ | **KNOCKED DOWN** /nokt dáun/

TIRAR, DERRIBAR, LLEVARSE POR DELANTE

Mi perra siempre tira algo cuando está emocionada.	My dog always **knocks down** something when she's exciled.
Él se llevó por delante una señal de ceda el paso al aparcar.	He **knocked down** a yield sign when he was parking.
¡He tirado todos los bolos!	I've **knocked down** all the pins!

272 **KNOCK OUT** /no káut/ | **KNOCKED OUT** /noktáut/ | **KNOCKED OUT** /noktáut/

NOQUEAR, ELIMINAR, DEJAR ATÓNITO

Él siempre gana porque noquea a su oponente.	He always wins because he **knocks out** his opponent.
Ella eliminó a la competencia porque tenía un CV mucho mejor.	She **knocked out** the competition because she had a far better CV.
Nos han dejado atónitos con su extraordinaria actuación.	They've **knocked** us **out** with their amazing performance.

273 **KNOCK OVER** /no kóuvvve(r)/ | **KNOCKED OVER** /noktóuvvve(r)/ | **KNOCKED OVER** /noktóuvvve(r)/

DERRIBAR, ARROLLAR, TIRAR

Tiro cosas cuando estoy nerviosa.	I **knock over** things when I'm nervous.
Cuando era pequeña tiró una papelera.	She **knocked over** a bin when she was younger.
Él nunca ha arrollado a un peatón.	He's never **knocked over** a pedestrian.

274 **LAUGH AT** /láafet/ — **LAUGHED AT** /laaf tet/ — **LAUGHED AT** /laaf tet/

REÍRSE DE, BURLARSE DE

Deja de reírte de mí, no es gracioso.	Stop laughing at me, it's not funny.
Ella se rio de la situación.	She laughed at the situation.
Nunca me he reído de un compañero mío.	I've never laughed at a colleague of mine.

275 **LAY OFF** /leióf/ — **LAID OFF** /léi dof/ — **LAID OFF** /léi dof/

PRESCINDIR DE, DESPEDIR, ECHAR

Él despide a alguien todos los meses.	He lays someone off every month.
La compañía ha despedido a cientos de personas.	The company has laid off hundreds of people.
Nunca la han despedido.	She's never been laid off.

276 **LAY OUT** /léi áut/ — **LAID OUT** /léi dáut/ — **LAID OUT** /léi dáut/

PREPARAR, DISEÑAR, EXPONER, EXTENDER

Yo siempre preparo mi ropa antes de elegir mi atuendo.	I always lay out my clothes before choosing my outfit.
Él presentó el problema y expuso las soluciones.	He presented the problem and laid out solutions.
¿El arquitecto ya ha diseñado el plano de nuestra nueva casa?	Has the architect laid out the plan for our new house yet?

277 LEAD UP TO /lii dáaptu/ — LED UP TO /le dáaptu/ — LED UP TO /le dáaptu/

PRECEDER, ANTECEDER, LLEVAR A, PREVIO A

Los meses previos a Navidad son muy estresantes.	The months **leading up to** Christmas are very stressful.
¿Qué llevó a la tragedia?	What **led up to** the tragedy?
El trabajo duro ha llevado a un increíble espectáculo.	The hard work has **led up to** a spectacular show.

278 LEAF THROUGH /liif zru/ — LEAFED THROUGH /liift zru/ — LEAFED THROUGH /liift zru/

HOJEAR

Siempre hojeo un libro antes de comprarlo.	I always **leaf through** a book before buying it.
Él hojeó la revista esperando al médico.	He **leafed through** the magazine waiting for the doctor.
Ella aún no ha hojeado ninguna revista de bodas.	She hasn't **leafed through** any bridal magazines yet.

279 LEAVE BEHIND /liivvv bihhháind/ — LEFT BEHIND /left bihhháind/ — LEFT BEHIND /left bihhháind/

DEJARSE, OLVIDAR, DEJAR ATRÁS

No dejes a nadie atrás.	Don't **leave** anybody **behind**.
Cuando me mudé a España dejé atrás a mi familia y amigos.	When I moved to Spain I **left** family and friends **behind**.
Él ha olvidado su móvil.	He's **left** his phone **behind**.

280 **LEAVE OUT** /lii vvváut/ | **LEFT OUT** /lef táut/ | **LEFT OUT** /lef táut/ — **DEJAR FUERA, OMITIR, EXCLUIR**

A veces omito detalles importantes.	I sometimes **leave out** important details.
Ellos no han incluido la reforma en el presupuesto.	They **left** the renovation **out** of the estimate.
¿Has omitido algo o se lo has dicho todo?	Have you **left** anything **out** or did you tell him everything?

281 **LET DOWN** /let dáun/ | **LET DOWN** /let dáun/ | **LET DOWN** /let dáun/ — **DECEPCIONAR, BAJAR DESPACIO**

Ella está sacando el dobladillo.	She's **letting down** the hem.
Ellos le han decepcionado cuando más les necesitaba.	They **let** him **down** when he needed them most.
Ellos han dejado caer el piano despacio pero aun así se ha roto.	They've **let down** the piano slowly but it broke anyways.

282 **LET IN ON** /le tinón/ | **LET IN ON** /le tinón/ | **LET IN ON** /le tinón/ — **COMPARTIR UN SECRETO**

Déjame compartir un secreto contigo.	Let me **let** you **in on** something.
Él compartió el secreto de la compañía con ella.	He **let** her **in on** the company secret.
No he compartido el secreto con nadie salvo contigo.	I haven't **let** anybody else **in on** it but you.

283 **LET IN/INTO** /le tin/ | **LET IN/INTO** /le tin/ | **LET IN/INTO** /le tin/ | **DEJAR ENTRAR**

¡Déjame entrar!	Let me in!
Él les dejó entrar después de que le dijeran quienes eran.	He let them in after they told him who they were.
Ella nunca ha dejado entrar a nadie en la casa.	She's never let a stranger into the house.

284 **LET OUT** /le táut/ | **LET OUT** /le táut/ | **LET OUT** /le táut/ | **SOLTAR, DEJAR SALIR, LIBERAR**

Dejo salir a mi perro cinco veces al día.	I let out my dog five times a day.
Ellos han puesto en libertad al preso dos años antes de lo esperado.	They let the prisoner out two years earlier than expected.
Nunca he liberado a un animal de su jaula.	I've never let out an animal from its cage.

285 **LIE DOWN** /lái dáun/ | **LAY DOWN** /léi dáun/ | **LAIN DOWN** /léin dáun/ | **ECHARSE, TUMBARSE, ACOSTARSE**

Me voy a tumbar diez minutos.	I'm going to lie down for ten minutes.
Ayer él se echó después de comer.	He lay down after lunch yesterday.
Ella se ha acostado dos veces hoy porque no se encuentra muy bien.	She's lain down twice today because she isn't feeling well.

286 **LINE UP** /lái naap/ — **LINED UP** /láin daap/ — **LINED UP** /láin daap/

FORMAR UNA FILA, ALINEAR, PROGRAMAR

La gente en España forma una fila al llegar a la parada del autobús.	People in Spain line up when they get to a bus stop.
Los profesores pusieron a los alumnos en una fila antes de entrar en el museo.	The teachers lined up the students before going into the museum.
He programado todas tus citas en un día.	I've lined up all your appointments in one day.

287 **LISTEN TO** /lísssentu/ — **LISTENED TO** /lísssend tu/ — **LISTENED TO** /lísssend tu/

ESCUCHAR, ATENDER

Escucho lo que me dicen mis amigos.	I listen to what my friends tell me.
Él escuchó a su madre e hizo lo que ella le aconsejó.	He listened to his mother and did what she recommended.
He escuchado la radio todo el día.	I've listened to the radio all day.

288 **LIVE ON** /lívvvon/ — **LIVED ON** /livvv don/ — **LIVED ON** /livvv don/

MANTENERSE, PERDURAR, SEGUIR VIVIENDO

Me mantengo con el dinero que ahorré hace años.	I live on the money I saved years ago.
Él siguió viviendo décadas tras ser diagnosticado con Alzheimer.	He lived on for decades after being diagnosed with Alzheimer's.
Sus poemas (de ella) han perdurado tras su muerte.	Her poems have lived on past her death.

289 **LIVE UP TO** /livvváaptu/ — **LIVED UP TO** /livvv dáaptu/ — **LIVED UP TO** /livvv dáaptu/ — **CUMPLIR LAS EXPECTATIVAS, VIVIR ACORDE A**

Él trabajó muy duro para cumplir las expectativas de sus padres.	He worked very hard to live up to his parents' expectations.
El espectáculo definitivamente cumplió mis expectativas.	The show definitely lived up to my expectations.
Él ha vivido toda su vida acorde a sus normas.	He's lived up to his standards all his life.

290 **LOCK IN** /lo kin/ — **LOCKED IN** /lok din/ — **LOCKED IN** /lok din/ — **ENCERRAR**

Cuidado con la puerta. No te quedes encerrado.	Careful with the door. Don't lock yourself in.
Ella se encerró en el baño sin querer.	She accidentally locked herself in the bathroom.
La policía ha encerrado a los vándalos.	The police have locked in the hooligans.

291 **LOCK OUT** /lo káut/ — **LOCKED OUT** /lok dáut/ — **LOCKED OUT** /lok dáut/ — **DEJAR FUERA**

No dejes fuera a tu hermana.	Don't lock your sister out.
Me olvidé la llave y me quedé fuera.	I forgot the key and locked myself out.
¿Alguna vez has dejado fuera a alguien?	Have you ever locked anybody out?

292 **LOG IN*** **LOGGED IN** **LOGGED IN** **INICIAR SESIÓN**
/loguín/ /log din/ /log din/

No puedo iniciar la sesión porque se me ha olvidado la contraseña. — I can't **log in** because I forgot my password.

Él inició la sesión cuando llegó al trabajo. — He **logged in** when he got to work.

He iniciado la sesión por lo menos diez veces hoy. — I've **logged in** at least ten times today.

* También es muy común decir **to log on**.

293 **LOG OUT*** **LOGGED OUT** **LOGGED OUT** **CERRAR SESIÓN**
/logáut/ /log dáut/ /log dáut/

Siempre cierro la sesión cuando uso un ordenador público. — I always **log out** when I use a public computer.

Él no cerró la sesión ayer y la gente utilizó su cuenta. — He didn't **log out** yesterday and people used his account.

Lo siento pero ya he cerrado la sesión. — I'm sorry but I've already **logged out**.

* También es muy común decir **to log off.**

294 **LOOK AFTER** **LOOKED AFTER** **LOOKED AFTER** **CUIDAR DE, OCUPARSE DE**
/lukáafte(r)/ /luk dáafte(r)/ /luk dáafte(r)/

¿Puedes cuidar de mis hijos un momento? — Can you **look after** my kids for a second?

Ella cuidó de su mejor amiga en la fiesta. — She **looked after** her best friend at the party.

Él se lleva ocupando de la casa desde que le despidieron. — He's been **looking after** the house since he was fired.

295 **LOOK AT** | **LOOKED AT** | **LOOKED AT** | **MIRAR**

/lúkat/ /luk tat/ /luk tat/

¿Qué miras?	What are you **looking at**?
Él la miró y le dijo que la quería.	He **looked at** her and told her that he loved her.
Aún no he mirado hornos.	I haven't **looked at** any ovens yet.

296 **LOOK BACK** | **LOOKED BACK** | **LOOKED BACK** | **MIRAR ATRÁS, MIRAR HACIA ATRÁS, VOLVER AL PASADO**

/luk bak/ /lukd bak/ /lukd bak/

Creo que alguien te está siguiendo. ¡No mires atrás!	I think somebody is following you. Don't **look back**!
Ella lo pensó y se dio cuenta de la suerte que tenía después de lo que había pasado.	She **looked back** and realized how lucky she was after what happened.
Mi abuelo piensa en el pasado desde que tengo memoria.	My grandad has **looked back** on the past since I can remember.

297 **LOOK DOWN** | **LOOKED DOWN** | **LOOKED DOWN** | **MIRAR HACIA ABAJO**

/luk dáun/ /lukt dáun/ /lukt dáun/

No mires hacia abajo cuando cruces la calle.	Don't **look down** when you cross the street.
Ella miró hacia abajo y vio una moneda.	She **looked down** and saw a coin.
Él ha mirado hacia abajo y se ha mareado porque tiene miedo a las alturas.	He's **looked down** and got dizzy because he's afraid of heights.

298 **LOOK DOWN ON** /luk dáunon/ | **LOOKED DOWN ON** /lukt dáunon/ | **LOOKED DOWN ON** /lukt dáunon/ | **MENOSPRECIAR, MIRAR CON DESPRECIO**

No menosprecies a tus compañeros.	Don't **look down** on your colleagues.
Nos miraron con desprecio por cómo íbamos vestidos.	They **looked down on** us because of the way we were dressed.
Ella nunca ha menospreciado a nadie.	She's never **looked down on** anybody.

299 **LOOK FOR** /lúkfo(r)/ | **LOOKED FOR** /lukt fo(r)/ | **LOOKED FOR** /lukt fo(r)/ | **BUSCAR**

¿Qué buscas?	What are you **looking for**?
Él buscó las llaves del coche y las encontró en su chaqueta.	He **looked for** his car keys and found them in his jacket.
He estado buscando este libro durante siglos.	I've been **looking for** this book for ages.

300 **LOOK FORWARD TO** /lukfó(r)uardtu/ | **LOOKED FORWARD TO** /luktfó(r)uardtu/ | **LOOKED FORWARD TO** /luktfó(r)uardtu/ | **TENER MUCHAS GANAS DE, ESPERAR DESEANDO, ANHELAR**

Estoy deseando que lleguen mis vacaciones.	I'm **looking forward to** my holiday.
Durante meses ella estuvo deseando ir al restaurante.	She **looked forward to** going to the restaurant for months.
Teníamos muchas ganas de esta velada desde que nos invitasteis.	We've been **looking forward to** this evening since you invited us.

301 **LOOK INTO** | **LOOKED INTO** | **LOOKED INTO** | **EXAMINAR, ESTUDIAR, INVESTIGAR**

/lu kíntu/ /luk tíntu/ /luk tíntu/

Estudiaré el presupuesto cuando tenga un momento.	I'll **look into** the estimate when I get a chance.
La policía investigó el caso pero no encontró nada.	The police **looked into** the case but didn't find anything.
El médico aún no ha examinado mi expediente.	The doctor hasn't **looked into** my file yet.

302 **LOOK LIKE** | **LOOKED LIKE** | **LOOKED LIKE** | **PARECERSE, PARECER QUE**

/lúk láik/ /lúkt láik/ /lúkt láik/

Parece que después de todo él sí es culpable.	It **looks like** he's guilty after all.
Su bebé (de ellos) se parecía al padre al principio.	Their baby **looked like** the father at first.
Siempre se ha parecido a su hermana gemela hasta que se cortó el pelo y se lo tiñó de negro.	She's always **looked liked** her twin until she cut her hair and dyed it black.

303 **LOOK OUT** | **LOOKED OUT** | **LOOKED OUT** | **TENER CUIDADO, MIRAR HACIA FUERA**

/lu káut/ /luk táut/ /luktáut/

¡Ten cuidado!	**Look out**!
Ella miró por la ventana deseando que dejase de llover.	She **looked out** the window hoping it would stop raining.
He estado todo el día mirando afuera pero no he visto al cartero.	I've **looked out** all day but I didn't see the postman.

304 **LOOK OUT FOR** /lukáutfo(r)/ | **LOOKED OUT FOR** /luk táutfo(r)/ | **LOOKED OUT FOR** /luk táutfo(r)/ | **VIGILAR, ESTAR PENDIENTE DE**

Estate pendiente de tus amigos.	Look out for your friends.
Él estuvo pendiente de ver animales salvajes cuando se fue de safari.	He looked out for wild animals when he went on a safari.
Mi hermano mayor siempre ha estado pendiente de mí.	My older brother has always looked out for me.

---

305 **LOOK OVER** /lu kóuvvve(r)/ | **LOOKED OVER** /luk tóuvvve(r)/ | **LOOKED OVER** /luk tóuvvve(r)/ | **ECHAR UN VISTAZO, REPASAR**

Echa un vistazo a este informe cuando puedas.	Look over this report when you can.
Ella repasó sus apuntes antes de hacer el examen.	She looked over her notes before she took the exam.
Justo ahora hemos echado un vistazo a la propuesta y la vamos a aceptar.	We've looked over the proposal just now and we'll accept it.

---

306 **LOOK THROUGH** /luk zru/ | **LOOKED THROUGH** /lukt zru/ | **LOOKED THROUGH** /lukt zru/ | **REVISAR**

Voy a revisar mi ropa y ver qué puedo donar.	I'm going to look through my clothes and see what I can donate.
Ella revisó sus cosas viejas y encontró su primera carta de amor.	She looked through her old stuff and found her first love letter.
Aún no he revisado mis emails.	I haven't looked through my emails yet.

307 LOOK UP | LOOKED UP | LOOKED UP — BUSCAR, CONSULTAR, LEVANTAR LA VISTA

/lu kaap/ | /luk taap/ | /luk taap/

A veces levanto la vista y miro las estrellas.	Sometimes I **look up** and look at the stars.
Buscamos las palabras que no entendíamos.	We **looked up** the words we didn't understand.
¿Alguna vez has consultado una palabra en ruso?	Have you ever **looked up** a word in Russian?

308 LOOK UP TO | LOOKED UP TO | LOOKED UP TO — ADMIRAR, RESPETAR

/lu káaptu/ | /luk táaptu/ | /luk táaptu/

Ella admira a sus padres.	She **looks up to** her parents.
Él respetó a los profesores que tuvo en la universidad.	He **looked up to** the teachers he had at university.
¿Quién es la persona a la que más has admirado en tu vida?	Who's the person you've **looked up to** most in your life?

309 LOOSEN UP | LOOSENED UP | LOOSENED UP — RELAJARSE, SOLTARSE, AFLOJARSE

/luusssnáap/ | /luusssn daap/ | /luusssn daap/

¡Deja de preocuparte y relájate!	Stop worrying and **loosen up**!
Después de un par de copas él se soltó.	After he had a couple of drinks, he **loosened up**.
Me he relajado después de darme cuenta de qué es lo peor que puede pasar.	I've **loosened up** since I realized what the worst case scenario is.

310 MAKE FUN OF — MADE FUN OF — MADE FUN OF — BURLARSE DE

/méik fánof/ — /méid fánof/ — /méid fánof/

¡Deja de burlarte de él!	Stop **making fun of** him!
Muchos niños se burlaron de ella en el colegio.	A lot of kids **made fun of** her in school.
Todos nos hemos burlado de alguien o algo en nuestras vidas.	We've all **made fun of** someone or something in our lives.

311 MAKE OUT — MADE OUT — MADE OUT — LIARSE, VER, DESCIFRAR

/méi káut/ — /méi dáut/ — /méi dáut/

No puedo ver quién es.	I can't **make out** who it is.
John se lio con Mary en la fiesta.	John **made out** with Mary at the party.
No he descifrado qué pone en la nota secreta.	I haven't **made out** what the secret note says.

312 MAKE OVER — MADE OVER — MADE OVER — REMODELAR, REFORMAR, CAMBIAR DE LOOK

/méi kóuvvve(r)/ — /méi dóuvvve(r)/ — /méi dóuvvve(r)/

Vamos a reformar nuestro salón.	We're going to **make** our living room **over**.
¿Has cambiado de look?	Did you **make** yourself **over**?
Han remodelado la cocina y el baño desde que ella se mudó.	They've **made over** their kitchen and their bathroom since she moved in.

313 MAKE UP | MADE UP | MADE UP — INVENTAR, FORMAR, RECONCILIARSE

/méi kaap/ | /méi daap/ | /méi daap/

En vez de contar la verdad, él siempre se inventa una historia.	Instead of telling the truth, he always **makes up** stories.
Hombres y mujeres formaban parte del equipo médico.	The medical team was **made up** of men and women.
Aún no nos hemos reconciliado, pero hablaremos esta noche.	We haven't **made up** yet, but we'll talk tonight.

314 MAKE UP FOR | MADE UP FOR | MADE UP FOR — COMPENSAR

/méi káapfo(r)/ | /meidáapfo(r)/ | /meidáapfo(r)/

Te compensaré por las horas extra invitándote a cenar.	I will **make up** for the overtime by taking you out for dinner.
La compañía compensó los despidos organizando una fiesta de empleados.	The company **made up for** the layoffs by organizing a staff party.
¿Has hecho algo para compensar el haber faltado a la reunión?	Have you **made up** for missing the meeting yet?

315 MARK DOWN | MARKED DOWN | MARKED DOWN — ANOTAR, BAJAR LA NOTA, REBAJAR

/ma(r)k dáun/ | /ma(r)kt dáun/ | /ma(r)kt dáun/

Déjame apuntar eso.	Let me just **mark** that **down**.
El profesor bajó la nota del examen porque el alumno fue maleducado.	The teacher **marked** the exam **down** because the student was rude.
Las tiendas no han rebajado aún los productos.	The stores haven't **marked down** the goods yet.

316 **MARK UP** /ma(r) kaap/ | **MARKED UP** /ma(r)k daap/ | **MARKED UP** /ma(r)k daap/ | **SUBIR EL PRECIO**

Las compañías suben sus precios por la alta demanda.	Companies **mark up** their prices because of the high demand.
Han subido los precios justo antes de bajarlos.	They **marked up** the prices just before marking them down.
Nuestra compañía no ha subido los precios desde que empezó hace más de 40 años.	Our company has not **marked up** prices since it started more than 40 years ago.

317 **MISS OUT (ON)** /mi sssáut/ | **MISSED OUT (ON)** /misss táut/ | **MISSED OUT (ON)** /misss táut/ | **PERDERSE, DEJAR PASAR**

No me quiero perder la fiesta.	I don't want to **miss out** on the party.
Él lo dejó pasar porque decidió quedarse en casa.	He **missed out** because he decided to stay at home.
Ella nunca ha dejado pasar una oportunidad de trabajo.	She's never **missed out** on a job opportunity.

318 **MIX UP** /miksssáap/ | **MIXED UP** /miksss daap/ | **MIXED UP** /miksss daap/ | **CONFUNDIR, MEZCLAR**

Mi alumno siempre confunde ciertas palabras.	My student always **mixes up** certain words.
Su hija (de ella) mezcló los juguetes de nuestro hijo.	Her daughter **mixed up** our son's toys.
He confundido dos palabras en español hoy.	I've **mixed up** two Spanish words today.

319 MOP UP — MOPPED UP — MOPPED UP — PASAR LA FREGONA

/mo paap/ /mop taap/ /mop taap/

Él siempre pasa la fregona si derrama algo.	He always **mops up** if he spills something.
Pasaron la fregona después de la fiesta.	They **mopped up** after the party.
He pasado la fregona y he lavado los platos.	I've **mopped up** and washed the dishes.

320 MOVE ALONG — MOVED ALONG — MOVED ALONG — AVANZAR, CIRCULAR

/muuvvv alón(g)/ /muuvvv dalón(g)/ /muuvvv dalón(g)/

No hay tráfico ya que los coches circulan rápido.	There's no traffic as cars **move along** quickly.
La gente avanzó en el tren lleno.	The people **moved along** the full train.
Las masas han avanzado desde que abrieron las puertas.	The masses have **moved along** since the gates opened.

321 MOVE BACK — MOVED BACK — MOVED BACK — RETROCEDER, REGRESAR, VOLVER A SU SITIO

/muuvvv bek/ /muuvvvd bek/ /muuvvvd bek/

¿Puedes regresar a casa cuando quieras?	Can you **move back** home whenever you want?
Él se echó para atrás para que la ambulancia pudiera pasar.	He **moved back** so the ambulance could pass.
¿Ella se ha vuelto a Inglaterra ya?	Has she **moved back** to England yet?

322 **MOVE FORWARD** /muuvvv fóua(r)d/ | **MOVED FORWARD** /muuvvvd fóua(r)d/ | **MOVED FORWARD** /muuvvvd fóua(r)d/

AVANZAR, PROCEDER, PONER ADELANTE

Esta bici avanza y retrocede.	This bike **moves forward** and backward.
El coche avanzó despacio.	The car **moved forward** slowly.
He adelantado todas tus citas para que tengas una tarde libre.	I've **moved** all your appointments **forward** so you have a free afternoon.

323 **MOVE IN** /muu vvvin/ | **MOVED IN** /muuvvv din/ | **MOVED IN** /muuvvv din/

MUDARSE, IRSE A VIVIR

Los vecinos que se están mudando al lado son amables.	The neighbors, who are **moving in** next door, are nice.
Tengo un piso nuevo, me mudé hace una semana.	I have a new flat, I **moved in** a week ago.
Ella aún no se ha mudado con su novio.	She hasn't **moved in** with her boyfriend yet.

324 **MOVE ON** /muu vvvon/ | **MOVED ON** /muuvvv don/ | **MOVED ON** /muuvvv don/

AVANZAR, SEGUIR ADELANTE, CONTINUAR

Continuemos con el siguiente punto.	Let's **move on** to the next point.
Avanzamos al siguiente capítulo después de hablar del primero.	We **moved on** to the next chapter after discussing the first one.
Él no ha avanzado desde que ella le dejó.	He hasn't **moved on** since she broke up with him.

325 **MOVE OUT** | **MOVED OUT** | **MOVED OUT** — SALIR DE CASA, MUDARSE DE

/muu vvváut/ | /muuvvv dáut/ | /muuvvv dáut/

Me mudo de casa mañana.	I'm **moving out** tomorrow.
Él se fue de casa cuando tenía dieciocho años.	He **moved out** when he was eighteen years old.
¿Tus hijos ya se han ido de casa?	Have your children **moved out** yet?

326 **NAIL DOWN** | **NAILED DOWN** | **NAILED DOWN** — CLAVAR, DETERMINAR, OBLIGAR A CONCRETAR

/néil dáun/ | /néild dáun/ | /néild dáun/

Él clava este trozo de madera una vez al mes pero se suelta continuamente.	He **nails** this piece of wood **down** once a month but if comes loose over and over again.
Mi jefe me obligó a concretar una fecha.	My boss **nailed** me **down** to a date.
El director general ha fijado el presupuesto hoy.	The CEO has **nailed down** the budget today.

327 **NARROW DOWN** | **NARROWED DOWN** | **NARROWED DOWN** — RESTRINGIR, REDUCIR

/nárou dáun/ | /nároud dáun/ | /nároud dáun/

Tengo que limitar mis opciones a lo que realmente quiero estudiar.	I have to **narrow down** my options to what I really want to study.
La policía redujo la lista de sospechosos a dos.	The police **narrowed down** the suspects to two.
Han reducido la lista de invitados (de boda) a 100.	They've **narrowed down** their wedding guest list to 100.

328 **NOD OFF** | **NODDED OFF** | **NODDED OFF** | **DAR UNA CABEZADA, QUEDARSE DORMIDO**

/no dof/ | /nódi dof/ | /nódi dof/

Su alumno (de ella) está tan cansado que a veces da cabezadas.	Her student is so tired that he sometimes **nods off** in class.
Él se quedó dormido en el metro después del trabajo.	He **nodded off** in the metro after work.
Nunca me he quedado dormido en una reunión.	I've never **nodded off** in a meeting.

329 **NOTE DOWN** | **NOTED DOWN** | **NOTED DOWN** | **APUNTAR, ANOTAR, TOMAR NOTA DE**

/nóut dáun/ | /nóutid dáun/ | /nóutid dáun/

Tomo nota de todo lo que escucho en clase.	I **note down** everything I hear in class.
Él apuntó su correo (de ella) para mandarle las fotos.	He **noted down** her email address to send her the pictures.
¿Has anotado el número de teléfono?	Have you **noted down** the phone number?

330 **OPEN UP** | **OPENED UP** | **OPENED UP** | **SINCERARSE, ABRIRSE, ABRIR**

/éu penáap/ | /óupen daap/ | /óupen daap/

Va a abrir un gimnasio a la vuelta de la esquina.	A gym is **opening up** around the corner.
Ella se sinceró con su madre acerca de lo que había pasado.	She **opened up** to her mother about what had happened.
Él nunca se ha sincerado con ella.	He's never **opened up** to her.

331 ORDER IN* | ORDERED IN | ORDERED IN — ENCARGAR, PEDIR

/o(r)de(r)ín/ | /ó(r)de(r) din/ | /ó(r)de(r) din/

¿Pedimos comida esta noche?	Shall we **order in** tonight?
Él pidió comida anoche y la noche anterior.	He **ordered in** last night and the night before.
Ya hemos pedido comida así que no hace falta cocinar.	We've already **ordered in** so there's no need to cook.

* También se puede decir **to order out**.

332 PACK UP | PACKED UP | PACKED UP — RECOGER

/pe kap/ | /pek tap/ | /pek tap/

Déjame recoger mis cosas.	Let me just **pack up** my things.
Él recogió sus cosas y se fue.	He **packed up** his things and left.
Nos mudamos mañana y aún no tenemos guardadas nuestras cosas.	We're moving tomorrow and we haven't **packed up** our stuff yet.

333 PAIR UP | PAIRED UP | PAIRED UP — EMPAREJAR

/pee(r)áap/ | /pee(r) daap/ | /pee(r) daap/

Poneos por parejas para este ejercicio.	**Pair up** with somebody for this exercise.
Ella emparejó los calcetines y los tendió para que se secaran.	She **paired up** the socks and hung them up to dry.
La profesora nos ha puesto por parejas para esta tarea.	The teacher has **paired** us **up** for this assignment.

334 PAPER OVER — PAPERED OVER — PAPERED OVER

/peipa(r)óuvvva/ /péipa(r) dóuvvva/ /péipa(r) dóuvvva/

EMPAPELAR, TAPIZAR, OCULTAR

Ella a veces oculta sus errores.	She sometimes **papers over** her mistakes.
Él tapizó la pared.	He **papered over** the wall.
Ellos han empapelado las imperfecciones en vez de quitar primero el papel pintado viejo.	They've **papered over** the imperfections instead of taking off the old wallpaper first.

335 PART WITH — PARTED WITH — PARTED WITH

/páaa(r)t uiz/ /páaa(r)tid uíz/ /páaa(r)tid uíz/

SEPARARSE DE, DESPRENDERSE DE, DESHACERSE DE

Él no puede separarse de sus coches de juguete.	He can't **part with** his toy cars.
Ella se desprendió de todos sus libros.	She **parted with** all of her books.
Hasta ahora se han deshecho de todas sus fotos viejas.	So far, they've **parted with** all of their old pictures.

336 PASS ALONG — PASSED ALONG — PASSED ALONG

/passs alón(g)/ /passs talón(g)/ /passs talón(g)/

REPARTIR ALGO, DIFUNDIR ALGO, PASAR POR

Coge uno y pasa el resto.	Take one and **pass** the rest **along**.
Él pasaba por la calle principal observando a la gente corriendo a casa.	He **passed along** the main street and observed people rushing home.
¿Has pasado este informe a nuestro director general?	Have you **passed** this report **along** to our CEO?

337 PASS AWAY — PASSED AWAY — PASSED AWAY — FALLECER, MORIR

/passs auéi/ — /passs tauéi/ — /passs tauéi/

¿Él puede fallecer en las próximas horas?	Can he **pass away** in the next couple of hours?
Su abuelo (de ella) falleció el año pasado.	Her grandfather **passed away** last year.
En lo que va de año, han fallecido cuatro familiares.	So far this year four relatives have **passed away**.

338 PASS BY — PASSED BY — PASSED BY — PASAR CERCA, IGNORAR

/passs bái/ — /passst bái/ — /passst bái/

Paso cerca de su casa (de ella) todos los días.	I **pass by** her house every day.
Ignoraron los libros como si no estuvieran allí.	They **passed by** the books as if they weren't there.
Mi jefe me lleva ignorando desde que tuvimos la discusión.	My boss has **passed** me **by** since we had the argument.

339 PASS ON — PASSED ON — PASSED ON — LEGAR, PASAR, DECLINAR

/pa ssson/ — /passs ton/ — /passs ton/

Voy a declinar esta oferta.	I'm going to **pass on** this offer.
Él legó todo lo que sabía a sus nietos.	He **passed on** everything he knew to his grandchildren.
¿Le has pasado la ropa de bebé a tu amiga?	Have you **passed on** the baby clothes to your friend?

340 **PASS OUT** /pa sssáut/ | **PASSED OUT** /passs táut/ | **PASSED OUT** /passs táut/

PERDER EL CONOCIMIENTO, REPARTIR, CAER RENDIDO

El profesor pide a los alumnos que repartan los exámenes.	The teacher asks the students to **pass out** the exams.
Después de un largo día en el hospital, él cayó rendido en el sofá.	After a long day at the hospital, he **passed out** on the couch.
Ella nunca se ha desmayado al ver sangre.	She's never **passed out** when seeing blood.

341 **PAY BACK** /péi baak/ | **PAID BACK** /péid baak/ | **PAID BACK** /péid baak/

VENGARSE, DEVOLVER (DINERO)

¿Me puedes dejar un euro? Te prometo que te lo devuelvo mañana.	Can you lend me a euro? I promise I'll **pay** you **back** tomorrow.
Él se vengó de su jefe dejando el proyecto sin terminar.	He **paid** his boss **back** by not getting the project done.
¡Ups! Aún no le he devuelto el dinero a Peter.	Oops! I haven't **paid** Peter **back** yet.

342 **PAY IN** /peiín/ | **PAID IN** /péi din/ | **PAID IN** /péi din/

INGRESAR, DEPOSITAR

Tengo que ingresar el cheque que me dieron.	I have to **pay in** the check I was given.
Él le ingresó el dinero que le debía.	He **paid in** the money he owed her.
¿Has depositado el dinero ya?	Have you **paid in** the money yet?

343 **PAY OFF** | **PAID OFF** | **PAID OFF** | **AMORTIZAR, COMPENSAR**

/peióf/ | /péi dof/ | /péi dof/

Todo este esfuerzo no está mereciendo la pena.	All this effort isn't **paying off**.
Las conversaciones largas con recursos humanos merecieron la pena. ¡Me han subido el sueldo!	The long conversations with human resources really **paid off**. I got a pay rise!
¿Ha merecido la pena estudiar dos másteres?	Has studying two masters **paid off**?

344 **PHASE IN** | **PHASED IN** | **PHASED IN** | **INTRODUCIR GRADUALMENTE**

/féi sin/ | /féis din/ | /féis din/

El gobierno introducirá la nueva ley gradualmente durante cinco meses.	The government will **phase in** the new law over five months.
Nuestra compañía introdujo la nueva política gradualmente durante dos meses.	Our company **phased in** the new policy over two months.
Han introducido los robots gradualmente durante las últimas semanas.	They've **phased in** the robots over the past few weeks.

345 **PHASE OUT** | **PHASED OUT** | **PHASED OUT** | **ELIMINAR GRADUALMENTE**

/féi sáut/ | /féis dáut/ | /féis dáut/

La junta directiva eliminará gradualmente el pago de bonus.	The board of directors will **phase out** the bonus payment.
Los bancos eliminaron gradualmente los billetes de 500 euros.	The banks **phased out** 500-euro bills.
En lo que va de año hemos eliminado gradualmente el proceso manual.	We've **phased out** the manual procedure so far this year.

346 **PICK AT** /píkat/ — **PICKED AT** /pik tat/ — **PICKED AT** /pik tat/ — MOLESTAR, PICAR, PONERLE PEGAS

Deja de jugar con la comida y cómetela.	Stop **picking at** your food and eat it.
Sus compañeros de trabajo le molestaron durante la reunión.	His colleagues **picked at** him during the meeting.
Ella forzó el collar pero no pudo desatarlo.	She's **picked at** the necklace but she couldn't untie it.

347 **PICK ON** /píkon/ — **PICKED ON** /pik ton/ — **PICKED ON** /pik ton/ — ACOSAR, METERSE CON

¡No acoses a nadie!	Don't **pick on** anybody!
Ellos se metieron con los niños más jóvenes.	They **picked on** the younger kids.
Yo nunca me he metido con nadie por llevar gafas.	I've never **picked on** anybody for wearing glasses.

348 **PICK OUT** /pikáut/ — **PICKED OUT** /pik táut/ — **PICKED OUT** /pik táut/ — ELEGIR, SELECCIONAR, IDENTIFICAR

Estamos eligiendo un local para nuestra boda.	We're **picking out** a venue for our wedding.
Ellos eligieron un nuevo jefe de ventas.	They **picked out** a new sales manager.
¿Alguna vez has identificado a alguien en una rueda de reconocimiento?	Have you ever **picked out** someone from a line-up?

349 **PICK UP** /pikáap/ | **PICKED UP** /pik taap/ | **PICKED UP** /pik taap/ | **RECOGER, CONTESTAR**

¿Puedes contestar el teléfono, por favor?	Can you **pick up** the phone, please?
Ella compró la comida de camino a casa.	She **picked up** lunch on the way home.
No has recogido la tarta, ¿verdad?	You haven't **picked up** the cake, have you?

350 **PIG OUT** /pi gáut/ | **PIGGED OUT** /pig dáut/ | **PIGGED OUT** /pig dáut/ | **COMER HASTA REVENTAR**

¡No podemos comer hasta reventar así cada fin de semana!	We can't **pig out** like this every weekend!
Ellos comieron hasta reventar en la cena de Navidad.	They **pigged out** at the Christmas dinner.
Nunca he comido tanto como ahora.	I've never **pigged out** like this.

351 **PIN DOWN** /pin dáun/ | **PINNED DOWN** /pind dáun/ | **PINNED DOWN** /pind dáun/ | **LOCALIZAR, ACORRALAR, EXPLICAR**

Algo no está bien pero no puedo explicar qué es.	Something's not right but I can't **pin down** what it is.
Los científicos han dado con el origen de muchas enfermedades.	Scientists **pinned down** the origin of many illnesses.
¿Le has acorralado para poner una fecha ya?	Have you **pinned** him **down** to set a date yet?

352 **PITCH IN** /pi chin/ | **PITCHED IN** /pich din/ | **PITCHED IN** /pich din/ | **AYUDAR, CONTRIBUIR**

Yo siempre contribuyo cuando los compañeros organizan un regalo.	I always **pitch in** when colleagues organize a present.
Ella ayudó con el proyecto.	She **pitched in** with the project.
¿Ha ayudado Roger con el trabajo?	Has Roger **pitched in** with the work?

353 **PLAY ALONG** /pleialón(g)/ | **PLAYED ALONG** /pléi dalón(g)/ | **PLAYED ALONG** /pléid alón(g)/ | **ACOMPAÑAR, SEGUIR EL JUEGO**

No digas nada. Simplemente sígueme el juego.	Don't say anything. Just **play along**.
Ella le acompañaba en el piano mientras su madre tocaba el violín.	She **played along** on the piano while her mother was playing the violin.
Él nunca ha seguido el juego y por eso todas las sorpresas salían mal cuando él estaba involucrado.	He's never **played along** which is why all surprises always failed when he was involved.

354 **PLAY AROUND** /pleiaráund/ | **PLAYED AROUND** /pléi daráund/ | **PLAYED AROUND** /pléid aráund/ | **JUGUETEAR, JUGAR, METER MANO**

Deja de jugar. Esto va en serio.	Stop **playing around**. This is serious.
Alguien metió mano en el ordenador y ahora no funciona.	Somebody **played around** with the computer and now it doesn't work.
Los niños han jugueteado en el garaje.	The kids have **played around** in the garage.

355 **PLAY DOWN** /pléi dáun/ — **PLAYED DOWN** /pléid dáun/ — **PLAYED DOWN** /pléid dáun/ — **RESTAR IMPORTANCIA**

Mi hija siempre resta importancia a sus malas notas.	My daughter always **plays down** her bad grades.
Él restó importancia al accidente en el que estuvo.	He **played down** the accident he was in.
Ella ha restado importancia a sus talentos en cada entrevista que ha tenido.	She's **played down** her talents in every interview she had.

356 **PLAY ON** /pleión/ — **PLAYED ON** /pléi don/ — **PLAYED ON** /pléi don/ — **SEGUIR TOCANDO, APROVECHARSE DE**

Él se aprovecha de la confianza de su jefe y trabaja menos de lo que debería.	He **plays on** his boss's trust and works less than he should.
Cuando se hundió el Titanic, la banda siguió tocando.	When the Titanic sank, the band **played on**.
¿Has seguido tocando incluso después de que ellos te dijeran que pararas?	Have you **played on** even after they told you to stop?

357 **PLUG IN** /plaguín/ — **PLUGGED IN** /plag din/ — **PLUGGED IN** /plag din/ — **ENCHUFAR, CONECTAR**

Enchufo mi teléfono cada noche.	I **plug** my phone **in** every night.
Ella enchufó su portátil porque tenía poca batería.	She **plugged in** her laptop because it was low on battery.
¿Has enchufado la impresora?	Have you **plugged in** the printer?

358 POINT OUT | POINTED OUT | POINTED OUT

/póin táut/ | /póinti dáut/ | /póinti dáut/

MOSTRAR, SEÑALAR, REMARCAR, PUNTUALIZAR

¿Puedo puntualizar que tú no estás haciendo nada?	Can I just point out that you're not doing anything?
Ella señaló las pérdidas en la reunión.	She pointed out the losses in the meeting.
¿Se lo has mostrado a tu jefe ya?	Have you pointed this out to your boss yet?

359 POP IN | POPPED IN | POPPED IN

/po pin/ | /pop din/ | /pop din/

PASARSE, DEJARSE CAER

Me paso después del trabajo.	I'll pop in after work.
Él se dejó caer después de la cena.	He popped in after dinner.
Ella no se ha pasado ni una vez después de haberme mudado.	She's never popped in once after I had moved.

360 PREY ON | PREYED ON | PREYED ON

/préion/ | /préi don/ | /préi don/

DEPREDAR, ABUSAR DE

Los animales grandes depredan a animales más pequeños.	Big animals prey on smaller ones.
Los alumnos mayores abusaron de los novatos.	The older students preyed on the newcomers.
Él nunca ha abusado de nadie más débil que él.	He's never preyed on anybody weaker than him.

361 **PROVIDE FOR** /provvváid fo(r)/ | **PROVIDED FOR** /provvváidid fo(r)/ | **PROVIDED FOR** /provvváidid fo(r)/ — **MANTENER**

Tengo que mantener a mi familia.	I have to **provide for** my family.
Ella mantuvo a su hija hasta que se fue de casa.	She **provided for** her daughter until she moved out.
¿Tus padres te han mantenido o has ayudado en casa?	Have your parents **provided for** you or did you help in the household?

362 **PULL BACK** /pul baak/ | **PULLED BACK** /puld baak/ | **PULLED BACK** /puld baak/ — **RETIRAR, CORRER, RETROCEDER**

Corre las cortinas y mira qué está pasando.	**Pull back** the curtains and check what's going on.
El ejército retrocedió.	The army **pulled back**.
Ellos acaban de retirar su apoyo del proyecto.	They've just **pulled back** their support for the project.

363 **PULL DOWN** /pul dáun/ | **PULLED DOWN** /puld dáun/ | **PULLED DOWN** /puld dáun/ — **CERRAR, BAJAR, DERRIBAR, DEPRIMIR**

Por favor, baja las persianas antes de ir a la cama.	Please **pull down** the blinds before you go to bed.
La constructora derribó el edificio en la sexta avenida.	The construction company **pulled down** the building on 6th Avenue.
¿Les has deprimido con tu triste historia?	Have you **pulled** them **down** with your sad story?

364 **PULL IN** /pu lin/ — **PULLED IN** /pul din/ — **PULLED IN** /pul din/

APARCAR, ESTACIONAR, DETENER

Él aparca en la entrada para coches a las 5 de la tarde en punto.	He **pulls in** the driveway at 5 p.m. sharp.
El tren se detuvo una hora más tarde de lo programado.	The train **pulled in** an hour later than scheduled.
La policía ha detenido a dos sospechosos en lo que va de mes.	The police has **pulled in** two suspects so far this month.

365 **PULL OFF** /pu lof/ — **PULLED OFF** /pul dof/ — **PULLED OFF** /pul dof/

QUITARSE, LLEVAR A CABO, CONSEGUIR

Él consigue todo lo que se propone.	He **pulls off** everything he sets his mind to.
¡No puedo creer que llevara eso a cabo!	I can't believe he **pulled** that **off**!
Nos hemos quitado la ropa después de salir de la piscina.	We've **pulled off** our clothes after getting out of the pool.

366 **PULL OUT** /pu láut/ — **PULLED OUT** /pul dáut/ — **PULLED OUT** /pul dáut/

RETIRAR, ARRANCAR, IRSE, ECHAR ATRÁS

Ellos siempre se echan atrás en el último momento.	They always **pull out** at the last minute.
Un coche salió cuando yo estaba cruzando la calle.	A car **pulled out** when I was crossing the street.
No me he retirado aún pero lo haré.	I haven't **pulled out** yet but I will.

367 PULL OUT OF | PULLED OUT OF | PULLED OUT OF — SACAR

/pu láutof/ | /pul dáutof/ | /pul dáutof/

Mi perro siempre saca palos del agua.	My dog always **pulls** sticks **out of** the water.
Ella le sacó de su miseria.	She **pulled** him **out of** his misery.
¿Los bomberos ya han sacado el coche del río?	Have the firefighters **pulled** the car **out of** the river yet?

368 PULL OVER | PULLED OVER | PULLED OVER — PARAR, PARAR EN EL ARCÉN, DETENERSE

/pu lóuvvve(r)/ | /pul dóuvvve(r)/ | /pul dóuvvve(r)/

¡Para! He visto un animal herido.	**Pull over**! I saw a wounded animal.
La policía me paró ayer.	The police **pulled** me **over** yesterday.
¿Alguna vez te has parado en el arcén por una rueda desinflada?	Have you ever **pulled over** because of a flat tyre?

369 PULL THROUGH | PULLED THROUGH | PULLED THROUGH — RECUPERARSE, SALIR ADELANTE, SACAR ADELANTE

/pul zru/ | /puld zru/ | /puld zru/

Él siempre se recupera independientemente de la situación en la que esté.	He always **pulls through** no matter what situation he's in.
Ella se recuperó a pesar de perder su trabajo.	She **pulled through** in spite of losing her job.
Ella le ha sacado adelante después de que le diagnosticaran una enfermedad seria.	She's **pulled** him **through** after he was diagnosed with a serious illness.

370 **PULL UP** | **PULLED UP** | **PULLED UP** — DETENER, FRENAR, LEVANTAR VUELO

/pu laap/ /pul daap/ /pul daap/

Yo siempre me detengo en una señal de stop.	I always **pull up** at a stop sign.
Él frenó delante de mi casa cuando yo estaba cerrando la puerta.	He **pulled up** in front of my house when I was locking the door.
Ellos han levantado el vuelo tantas veces en el simulador de vuelo que lo pueden probar en la vida real.	They've **pulled up** the plane in a flight simulator so many times that they can try it in real life.

371 **PUT AWAY** | **PUT AWAY** | **PUT AWAY** — GUARDAR

/pu tauéi/ /pu tauéi/ /pu tauéi/

Guarda tus juguetes. Es hora de ir a la cama.	**Put** your toys **away**. It's time to go to bed.
Él guardó su papeleo y vino a casa.	He **put away** his paperwork and came home.
¿Has guardado la aspiradora?	Have you **put away** the vacuum cleaner?

372 **PUT BACK** | **PUT BACK** | **PUT BACK** — COLOCAR DE NUEVO, POSPONER, DEVOLVER

/put bek/ /put bek/ /put bek/

Él siempre devuelve las cosas a su sitio.	He always **puts back** things where they belong.
Ellos pospusieron la reunión dos horas.	They **put back** the meeting by two hours.
Ella ya ha colocado de nuevo su ropa pero no sus zapatos.	She's already **put back** her clothes but not her shoes.

373 **PUT DOWN** **PUT DOWN** **PUT DOWN**

DEJAR, SACRIFICAR, MENOSPRECIAR

/put dáun/ /put dáun/ /put dáun/

Déja eso, no es un juguete.	**Put** that **down**, it's not a toy.
Sacrificamos nuestro perro cuando estaba muy mayor.	We **put down** our dog when he was very old.
¿Su jefe le ha menospreciado (a ella) en la reunión?	Has her boss **put** her **down** in the meeting?

374 **PUT IN** **PUT IN** **PUT IN**

CURRAR, APORTAR, PONER EN

/pu tin/ /pu tin/ /pu tin/

Pon esto en el frigorífico, por favor.	**Put** this **in** the fridge, please.
Ella curró ocho horas el fin de semana.	She **put in** eight hours on the weekend.
La compañía ha aportado millones para que los empleados tengan espacios de trabajo comodos.	The company has **put in** millions for employees to have comfortable workspaces.

375 **PUT OFF** **PUT OFF** **PUT OFF**

APLAZAR, POSPONER, RETRASAR

/pu tof/ /pu tof/ /pu tof/

No podemos aplazar la compra de la nueva cocina mucho más.	We can't **put off** getting a new kitchen much longer.
Pospusieron la reunión hasta la semana que viene.	They **put off** the meeting until next week.
¿Tus médicos han retrasado la operación otra vez?	Have your doctors **put off** the surgery again?

376 **PUT ON** /pu ton/ | **PUT ON** /pu ton/ | **PUT ON** /pu ton/

PONER, APOSTAR, PRENDER

Él siempre apuesta por el Real Madrid.	He always **puts on** Real Madrid.
Me puse las zapatillas de estar por casa cuando me levanté de la cama.	I **put on** my slippers when I got out of bed.
Ella no ha puesto las luces aún.	She hasn't **put on** the lights yet.

377 **PUT OUT** /pu táut/ | **PUT OUT** /pu táut/ | **PUT OUT** /pu táut/

APAGAR, ANESTESIAR, PUBLICAR

¡Apaga el cigarro! ¡No puedes fumar aquí!	**Put out** your cigarette! You can't smoke here!
El anestesiólogo anestesió al paciente antes de la operación.	The anesthesiologist **put out** the patient before the surgery.
Ellos han publicado su proyecto pero no han sabido nada aún.	They've **put out** their project but have not heard back yet.

378 **PUT THROUGH** /put zru/ | **PUT THROUGH** /put zru/ | **PUT THROUGH** /put zru/

COMUNICAR, PASAR LA LLAMADA

Un momento, le paso con él.	Just a minute, I'll **put** you **through**.
El operador me pasó la llamada.	The operator **put** me **through**.
Recepción no me ha pasado con su habitación (de ella) todavía.	Reception hasn't **put** me **through** to her room yet.

379 PUT TOGETHER PUT TOGETHER PUT TOGETHER

ELABORAR, ORGANIZAR, COMPONER, MONTAR

/pu taguézer/ /pu taguézer/ /pu taguézer/

El elabora todo tipo de historias.	He **puts together** all kinds of stories.
Organizamos una fiesta sorpresa para ti.	We **put together** a surprise party for you.
¿Ella ya ha montado el puzle?	Has she **put together** the puzzle yet?

380 PUT UP PUT UP PUT UP

CONSTRUIR, COLOCAR, LEVANTAR

/pu taap/ /pu taap/ /pu taap/

Están colocando carteles en las afueras de la ciudad.	They're **putting up** billboards on the outskirts.
Ella colocó una señal en su buzón diciendo "anuncios no".	She **put up** a sign saying "no ads" on her mailbox.
¿Ya has colgado el cuadro?	Have you **put up** the painting yet?

381 PUT UP WITH PUT UP WITH PUT UP WITH

SOPORTAR, AGUANTAR, TOLERAR

/pu tápuiz/ /pu tápuiz/ /pu tápuiz/

No puedo soportarle mucho más.	I can't **put up with** him much longer.
Soportamos las circunstancias hasta que decidimos demandar.	We **put up with** the circumstances until we decided to sue.
Él ha soportado su nefasta ética de trabajo durante demasiado tiempo.	He's **put up with** his useless work ethic for far too long.

382 QUIET* DOWN — QUIET DOWN — QUIET** DOWN

BAJAR LA VOZ, BAJAR EL RITMO

/kuáiet dáun/ — /kuáiet dáun/ — /kuáiet dáun/

¡Shhh, bajad la voz chicos!	Shhh, **quiet down** guys!
Los niños bajaron el ritmo después de cenar.	The kids **quiet down** after dinner.
Ha bajado el ritmo en la sala después de que hablara ella.	The room has **quiet down** after she spoke.

* En inglés británico es común oír **quieten down** → **quietened down** → **quietened down**.
** Además de **quiet down**, el participio también es **quieted down**.

383 REACH OUT — REACHED OUT — REACHED OUT

ESTIRAR EL BRAZO, CONTACTAR

/rii cháut/ — /riich dáut/ — /riich dáut/

Él está intentando conectar con su hermano.	He's trying to **reach out** to his brother.
Ella estiró el brazo y agarró mi mano.	She **reached out** and grabbed my hand.
¿Has contactado con alguien sobre esto?	Have you **reached out** to anyone about this?

384 READ OUT — READ OUT — READ OUT

LEER EN VOZ ALTA

/rii dáut/ — /re dáut/ — /re dáut/

Lee en voz alta lo que pone en la pizarra, por favor.	**Read out** what it says on the board, please.
Él leyó la historia a sus hijos en voz alta.	He **read out** the story to his kids.
Llegas tarde, él ya ha leído quién es el ganador.	You're late, he has already **read out** who the winner is.

385 **REASON WITH** /rísen uiz/ | **REASONED WITH** /rísen duíz/ | **REASONED WITH** /rísen duíz/ | **HACER ENTRAR EN RAZÓN, RAZONAR CON**

No puedo razonar contigo.	I can't **reason with** you.
Tras horas negociando, su jefe (de él) finalmente le hizo entrar en razón.	After hours of negotiations, his boss finally **reasoned with** him.
Nunca he razonado con mis compañeros porque son demasiado testarudos.	I've never **reasoned with** my colleagues because they're too stubborn.

386 **RELY ON** /riiláion/ | **RELIED ON** /riilái don/ | **RELIED ON** /riilái don/ | **DEPENDER DE, CONFIAR EN**

Siempre puedo confiar en mi mejor amigo.	I can always **rely on** my best friend.
Él confió en ella para que terminara el trabajo.	He **relied on** her to get the job done.
Ella ha dependido de sus padres durante demasiado tiempo.	She's **relied on** her parents for far too long.

387 **RING UP** /rin(g)áap/ | **RANG UP** /ran(g)áap/ | **RUNG UP** /raan(g)áap/ | **LLAMAR POR TELÉFONO**

Ella te llamará esta tarde.	She'll **ring** you **up** this afternoon.
Te llamaba para ver si te apetecía quedar.	I **rang** you **up** to see if you wanted to meet.
¿Él te ha llamado ya?	Has he **rang** you **up** yet?

388 **RIP OFF** /ri póf/ | **RIPPED OFF** /rip dof/ | **RIPPED OFF** /rip dof/ — **ARRANCAR ALGO, TIMAR, ESTAFAR**

Dolerá menos si arrancas la tirita rápido. — It'll hurt less if you **rip off** the plaster quickly.

Le timaron (a él) en el casino. — They **ripped** him **off** in the casino.

El proveedor de gas nos ha timado este mes. — The gas provider has **ripped** us **off** this month.

389 **RISE ABOVE** /ráis abaavvv/ | **ROSE ABOVE** /róu sabáavvv/ | **RISEN ABOVE** /risenabáavvv/ — **SUPERAR, ESTAR POR ENCIMA DE**

Estoy por encima del chismorreo de la oficina. — I **rise above** the gossip in the office.

El sol brillaba sobre las nubes. — The sun **rose above** the clouds.

No puedo creer que él haya superado toda la crítica que ha recibido. — I can't believe he's **risen above** all the critique he's received.

390 **ROUND OFF** /ráun dof/ | **ROUNDED OFF** /ráundi dof/ | **ROUNDED OFF** /ráundi dof/ — **REMATAR, REDONDEAR**

Para rematar la celebración, brindemos por el futuro. — To **round off** the celebration, let's toast to the future.

Él redondeó la cantidad. — He **rounded off** the amount.

¿Has redondeado las esquinas de la mesa o es una nueva? — Have you **rounded off** the corners of the table or is it a new one?

391 **RUB OFF** /raabóf/ | **RUBBED OFF** /raab dof/ | **RUBBED OFF** /raab dof/ | **CONTAGIARSE, PEGARSE, QUITARSE, LIMPIAR**

Ella contagia su actitud positiva a sus compañeros.	Her positive attitude **rubs off** on her colleagues.
El óxido se pegó a mi camisa.	The rust **rubbed off** on my shirt.
Él ha limpiado la suciedad con un trapo mojado.	He's **rubbed off** the dirt with a wet cloth.

392 **RULE OUT** /ruu láut/ | **RULED OUT** /ruul dáut/ | **RULED OUT** /ruul dáut/ | **DESCARTAR**

No puedo descartar que mis hijos sean culpables.	I can't **rule out** that my kids are guilty.
La policía descartó su participación (de ella) en el delito.	The police **ruled out** her participation in the crime.
¿Has descartado ya alguna posición?	Have you **ruled out** any positions yet?

393 **RUN AFTER** /raa náfte(r)/ | **RAN AFTER** /ranáfte(r)/ | **RUN AFTER** /raanáfte(r)/ | **PERSEGUIR, CORRER DETRÁS**

Ella persigue a sus hijos todo el día.	She **runs after** her kids all day.
Corrí detrás del cliente porque olvidó su cartera.	I **ran after** the client because he forgot his wallet.
Mi perro nunca ha perseguido un palo.	My dog has never **run after** a stick.

394 **RUN AWAY** | **RAN AWAY** | **RUN AWAY**

/raa nauéi/ | /ra nauéi/ | /raa nauéi/

HUIR, ESCAPARSE (DE CASA)

Algunos ladrones huyen antes de que la policía los pueda coger.	Some burglars run away before the police can catch them.
Mi gato se escapó ayer.	My cat ran away yesterday.
¿Alguna vez te has escapado de casa?	Have you ever run away from home?

395 **RUN INTO** | **RAN INTO** | **RUN INTO**

/raa níntu/ | /ra níntu/ | /raa níntu/

CHOCAR CONTRA, TROPEZARSE CON

A veces me tropiezo con mis antiguos profesores en el supermercado.	I sometimes run into my old teachers at the supermarket.
Él se tropezó con su ex ayer.	He ran into his ex-girlfriend yesterday.
¡Acabo de chocarme contra una farola!	I've just ran into a lamp post!

396 **RUN OFF** | **RAN OFF** | **RUN OFF**

/raa nof/ | /ra nof/ | /raa nof/

IMPRIMIR, SALIR CORRIENDO, HUIR

No huyas con ese noviete tuyo.	Don't run off with that boyfriend of yours.
Cuando él era más joven se marchó a un festival con sus amigos.	When he was younger, he ran off with his friends to a festival.
He impreso 50 copias del catálogo. ¿Es suficiente?	I've ran off 50 copies of the catalogue. Is it enough?

397 **RUN OUT OF** /raan áutof/ | **RAN OUT OF** /ran áutof/ | **RUN OUT OF** /raan áutof/

QUEDARSE SIN, AGOTARSE

Ella tiene que ahorrar. Si no, se quedará sin dinero rápidamente.	She has to save. Otherwise, she'll **run out of** money quickly.
Él tardó demasiado en decidir qué hacer y al final se quedó sin opciones.	It took him too long to decide what to do and he finally **ran out of** options.
Me temo que se nos ha agotado el tiempo.	I'm afraid we've **run out of** time.

398 **RUN OVER** /raa nóuvvva/ | **RAN OVER** /ra nóuvvva/ | **RUN OVER** /raa nóuvvva/

ATROPELLAR, SALTARSE

Si no tienes cuidado, ¡podrías atropellar a alguien!	If you're not careful, you could **run over** someone!
Él atropelló a un gato sin querer.	He **ran over** a cat by accident.
Ellos nunca en su vida han atropellado a nadie.	They've never **run over** anyone in their lives.

399 **RUSH OUT** /ra sháut/ | **RUSHED OUT** /rash dáut/ | **RUSHED OUT** /rash dáut/

SALIR CORRIENDO, SALIR RÁPIDAMENTE

Cuando le sangra la nariz él sale corriendo al baño.	When he's got a nosebleed he **rushes out** to the bathroom.
Cuando escuché las noticias, salí corriendo para llamarla.	When I heard the news I **rushed out** to call her.
Todas las unidades de rescate han salido rápidamente para ayudar.	All rescue units have **rushed out** to help.

400 **SAVE UP** /séi vvvap/ — **SAVED UP** /séivvv dap/ — **SAVED UP** /séivvv dáp/ — **AHORRAR, GUARDAR**

Guardo cada billete de 5 euros que consigo.	I **save up** every 5-euro bill I get.
Él ahorró millones comprando solo cosas que necesitaba.	He **saved up** millions by only buying stuff he needed.
¿Has ahorrado lo que necesitas para comprarte el apartamento?	Have you **saved up** what you need to buy the apartment?

401 **SCALE DOWN** /ssskéil dáun/ — **SCALED DOWN** /ssskéild dáun/ — **SCALED DOWN** /ssskéild dáun/ — **REDUCIR**

Tenemos que reducir nuestros gastos de comida.	We have to **scale down** our food expenses.
Él redujo el uso de programas informáticos en la compañía.	He **scaled down** the use of computer programs in the company.
¿Ya has reducido la ingesta de azúcar?	Have you **scaled down** on sugar yet?

402 **SCOOT OVER** /ssskuu tóuvvva/ — **SCOOTED OVER** /ssskúuti dóuvvva/ — **SCOOTED OVER** /ssskúuti dóuvvva/ — **ECHARSE A UN LADO, MOVERSE A UN LADO**

Muévete a un lado; yo también me quiero sentar.	**Scoot over**; I want to sit down too.
Ella se echó a un lado porque estaba sentada en medio (de dos asientos).	She **scooted over** because she was sitting in the middle of two seats.
¿Te has echado a un lado? Parece que hay más espacio ahora.	Have you **scooted over**? It seems there's more space now.

403 **SCRAPE OFF** — **SCRAPED OFF** — **SCRAPED OFF** — **RASCAR, RASPAR, RETIRAR**

/ssskrei pof/ — /ssskréip dof/ — /ssskréip dof/

Tengo que retirar el hielo del parabrisas.	I have to scrape the ice off my windshield.
Él quitó la suciedad de su carpeta con la uña.	He scraped the dirt off his folder with his fingernail.
Ella aún no ha raspado las paredes.	She hasn't scraped off the walls yet.

404 **SCRATCH OUT** — **SCRATCHED OUT** — **SCRATCHED OUT** — **TACHAR, ARRANCAR DE UN ARAÑAZO**

/ssskre cháut/ — /ssskrech dáut/ — /ssskrech dáut/

Tacha este número de teléfono y apunta el mío.	Scratch out this phone number and write down mine.
Taché su nombre (de él). (Él) ya no está en la lista.	I scratched out his name. He's no longer on the list.
¡Ningún gato jamás ha arrancado los ojos de alguien a arañazos!	No cat has ever scratched out anybody's eyes!

405 **SEE OFF** — **SAW OFF** — **SEEN OFF** — **DESPEDIR**

/siióf/ — /soo of/ — /sii nof/

Mañana vengo y me despido de ti.	I'll come see you off tomorrow.
Él despidió a su mujer cuando (ella) se fue de viaje.	He saw off his wife when she went on a trip.
No se me da bien decir adiós así que nunca he despedido a nadie.	I'm not good at saying goodbye so I've never seen anybody off.

406 **SEE THROUGH** | **SAW THROUGH** | **SEEN THROUGH** | **VER A TRAVÉS DE, CALAR, LLEVAR A CABO**

/sii zru/ | /soo zru/ | /siin zru/

Puedo ver a través de aquella ventana.	I can see through that window.
Él caló las intenciones de su jefe.	He saw though his boss's intentions.
¿Has llevado a cabo el proyecto?	Have you seen the project through?

407 **SELL OUT** | **SOLD OUT** | **SOLD OUT** | **LIQUIDAR, AGOTARSE**

/ssse láut/ | /sssoul dáut/ | /sssoul dáut/

Con esta oferta la tienda va a liquidar todos los productos.	With this offer, the store is going to sell out all the products.
Este modelo se agotó hace semanas.	This model sold out weeks ago.
Los nuevos teléfonos no se han agotado aún.	The new telephones haven't sold out yet.

408 **SEND BACK** | **SENT BACK** | **SEND BACK** | **DEVOLVER**

/sssend bek/ | /sssent bek/ | /sssent bek/

Si no te gusta el producto, devuélvelo y ya está.	If you don't like the product, just send it back.
Él devolvió los zapatos porque no le quedaban bien.	He sent back the shoes because they didn't fit.
Ya he devuelto el producto pero aún no he recibido la devolución del dinero.	I've already sent back the product but I haven't gotten a refund yet.

409 **SEND FOR** /sssend foo(r)/ | **SENT FOR** /sssént foo(r)/ | **SENT FOR** /sssent foo(r)/

IR A BUSCAR, MANDAR A BUSCAR, ENVIAR A ALGUIEN A POR ALGO

Ve a buscar a un médico porque él está empeorando.	Send for a doctor because he's getting worse.
Ella mandó a su hermana a buscar las flores.	She sent her sister for the flowers.
He enviado a mi hijo a por el correo.	I've sent my son for the mail.

410 **SEND OUT** /sssen dáut/ | **SENT OUT** /sssen táut/ | **SENT OUT** /sssen táut/

ENVIAR, EMITIR, MANDAR

¿Mandas tarjetas de Navidad?	Do you send out Christmas cards?
Él envió un email con todos los detalles.	He sent out an email with all the details.
Ya he emitido la factura.	I've already sent out the invoice.

411 **SET ASIDE** /ssse tasssáid/ | **SET ASIDE** /ssse tasssáid/ | **SET ASIDE** /ssse tasssáid/

DEJAR A UN LADO, APARTAR, RESERVAR

Deja a un lado las verduras y cuece la pasta.	Set aside the vegetables and cook the pasta.
Él apartó algo de dinero para cuando lo necesite.	He set aside some money for when he's in need.
Ellos han reservado suficiente pintura para el garaje.	They've set aside enough paint for the garage.

412 **SET BACK** /ssset bek/ **SET BACK** /ssset bek/ **SET BACK** /ssset bek/

RETRASAR, POSPONER, COSTAR

Retrasamos los relojes en otoño.	We **set** the clock **back** in fall.
Las renovaciones de la cocina me costaron unos cuantos mil euros.	The kitchen renovations **set** me **back** a couple of thousands of euros.
El proyecto se ha retrasado debido a una serie de eventos desafortunados.	The project has been **set back** due to a series of unfortunate events.

413 **SET DOWN** /ssset dáun/ **SET DOWN** /ssset dáun/ **SET DOWN** /ssset dáun/

DEJAR SOBRE, PONER SOBRE, PONER POR ESCRITO

Pon la mesa sobre la moqueta.	**Set** the table **down** on the carpet.
Ella dejó el bolso en el sofá y se quitó el abrigo.	She **set down** her bag on the couch and took off her coat.
Él ha puesto todo por escrito porque no quería olvidarse de nada.	He's **set** everything **down** on paper because he didn't want to forget anything.

414 **SET OFF** /ssse tof/ **SET OFF** /ssse tof/ **SET OFF** /ssse tof/

SALIR, ACTIVAR, DISPARAR, DESENCADENAR

Si haces ruido, activarás la alarma.	If you make a noise, you'll **set off** the alarm.
Ellos salieron para un viaje alrededor del mundo.	They **set off** for a trip around the world.
Sus actos han desencadenado una serie de consecuencias desafortunadas.	His acts have **set off** an unfortunate series of consequences.

415 **SET UP** /ssse tap/ — **SET UP** /ssse tap/ — **SET UP** /ssse tap/ — **INSTALAR, TENDER UNA TRAMPA, PREPARAR, MONTAR**

Ella instalará el home cinema este fin de semana.	She'll **set up** the home cinema this weekend.
¡Era una trampa! ¡Nos han tendido una trampa!	It was a trap! They **set** us **up**!
¿Has preparado todo para la fiesta?	Have you **set** everything **up** for the party?

416 **SETTLE DOWN** /setl dáun/ — **SETTLED DOWN** /setlt dáun/ — **SETTLED DOWN** /setlt dáun/ — **SENTAR LA CABEZA, ESTABLECERSE**

Él está listo para sentar la cabeza con su novia.	He's ready to **settle down** with his girlfriend.
Ellos se establecieron en el norte de California.	They **settled down** in northern California.
¿Pete ya ha asentado la cabeza o sigue siendo un cabeza loca como en la universidad?	Has Pete **settled down** yet or is he still as crazy as he was in college?

417 **SETTLE FOR** /setl foo(r)/ — **SETTLED FOR** /setld foo(r)/ — **SETTLED FOR** /setld foo(r)/ — **CONFORMARSE CON, ACEPTAR**

Ella no se conformará con menos dinero del que pide.	She won't **settle for** less money than she's asking.
Ellos aceptaron vender la casa por menos dinero.	They **settled for** selling the house for less money.
Él se ha conformado con menos porque no tenía elección.	He's **settled for** less because he had no choice.

418 **SETTLE IN** /setlín/ | **SETTLED IN** /setl din/ | **SETTLED IN** /setl din/ | **ESTABLECERSE, INSTALARSE, ADAPTARSE**

Nos estamos adaptando poco a poco.	Slowly but surely we're **settling in**.
Se instalaron después de solo una semana.	They **settled in** after only a week.
¿Ya te has adaptado o aún echas de menos tu casa?	Have you **settled in** yet or do you still miss home?

419 **SHOW OFF** /shouóf/ | **SHOWED OFF** /shóu dof/ | **SHOWED OFF** /shóu dof/ | **PRESUMIR**

Ella presume todo el tiempo. ¡Es tan irritante!	She **shows off** all the time. It's so annoying!
Él presumió de su coche nuevo.	He **showed off** his new car.
Aunque son muy ricos, nunca han presumido de su riqueza.	Even though they're really rich, they've never **shown off** their wealth.

420 **SHOW UP** /shouáap/ | **SHOWED UP** /shóu daap/ | **SHOWED UP** /shóu daap/ | **APARECER, PRESENTARSE**

La casa aparece en este mapa.	The house **shows up** on this map.
Mi exnovio se presentó en la puerta de mi casa el otro día.	My ex-boyfriend **showed up** at my doorstep the other day.
¿Alguna vez te has presentado en casa de un amigo sin avisarle antes?	Have you ever **shown up** at your friend's house without telling them before?

421 **SHUT DOWN** /shat dáun/ | **SHUT DOWN** /shat dáun/ | **SHUT DOWN** /shat dáun/ | **CERRAR, HACER OÍDOS SORDOS, CHAPAR**

Si él no paga el alquiler, le cerrarán el negocio.	If he doesn't pay the rent, they will **shut down** his business.
Ella hizo oídos sordos cuando le dije que era su culpa.	She completely **shut down** when I told her it was her fault.
Aún no han chapado la feria pero lo harán.	They haven't **shut down** the fair yet but they will.

422 **SHUT UP** /sha tap/ | **SHUT UP** /sha tap/ | **SHUT UP** /sha tap/ | **CALLAR**

Cállate, no podemos hablar de ello aquí.	**Shut up**, we can't talk about it here.
Los alumnos se callaron después de que el profesor se enfadara.	The students **shut up** after the teacher got mad.
Ella todavía no se ha callado sobre este tema.	She still hasn't **shut up** about this topic.

423 **SIDE WITH** /sssái duíz/ | **SIDED WITH** /sssáidid uíz/ | **SIDED WITH** /sssáidid uíz/ | **APOYAR A**

Él siempre apoya a su hermana.	He always **sides with** his sister.
El CEO apoyó a los trabajadores y no a los accionistas.	The CEO **sided with** the employees and not with the shareholders.
Ella nunca ha apoyado a nadie del trabajo.	She's never **sided with** anybody from work.

424 SIGN IN — SIGNED IN — SIGNED IN

/sssái nin/ — /sssáin din/ — /sssáin din/

REGISTRARSE, FICHAR LA LLEGADA

Primero tienes que registrarte y luego puedes comprar en línea.	You have to **sign in** first, and then you can shop online.
Él fichó cuando llegó al trabajo.	He **signed in** when he got to work.
Me he registrado pero la cuenta no funciona.	I've **signed in** but the account doesn't work.

425 SIGN OFF — SIGNED OFF — SIGNED OFF

/sssái nof/ — /sssáin dof/ — /sssáin dof/

AUTORIZAR, FIRMAR, CERRAR LA TRANSMISIÓN

¿Quién autoriza está misión?	Who **signs off** on this mission?
Ella firmó con su habitual saludo.	She **signed off** with her usual greeting.
La cadena aún no ha cerrado la transmisión.	The network has not **signed off** yet.

426 SIGN OUT — SIGNED OUT — SIGNED OUT

/sssái náut/ — /sssáin dáut/ — /sssáin dáut/

CERRAR (LA) SESIÓN

No olvides cerrar la sesión cuando te vayas del trabajo.	Don't forget to **sign out** when you leave work.
Nosotros cerramos la sesión antes de apagar el ordenador.	We **signed out** before turning the computer off.
¿Ha cerrado Clara la sesión en la impresora? Todavía aparecen sus credenciales.	Has Clara **signed out** of the printer? Her credentials are still in.

427 SIGN UP — SIGNED UP — SIGNED UP

/sssáin aap/ — /sssáin daap/ — /sssáin daap/

APUNTARSE, INSCRIBIRSE

Estoy pensando en apuntarme a clases de baile.	I'm thinking about **signing up** for dance lessons.
Él se apuntó a clases de natación la semana pasada.	He **signed up** for swimming lessons last week.
No he inscrito a mis hijos en ninguna actividad extraescolar este año.	I haven't **signed** my kids **up** for any extracurricular activities this year.

428 SING ALONG — SANG ALONG — SUNG ALONG

/sssin(g) alón(g)/ — /sssen(g) alón(g)/ — /sssan(g) alón(g)/

CANTAR CON, ACOMPAÑAR CANTANDO

¡Venga! ¡Cantad si os sabéis la letra!	Come on! **Sing along** if you know the words!
Ella cantó cuando pusieron su canción favorita.	She **sang along** when her favorite song came up.
He acompañado cantando a gente a mi alrededor aunque no canto bien.	I've **sang along** with people around even though I don't sing well.

429 SINGLE OUT — SINGLED OUT — SINGLED OUT

/sssingl áut/ — /sssingl dáut/ — /sssingl dáut/

SEÑALAR, SELECCIONAR, DAR UN TRATO ESPECIAL, ELEGIR

El profesor no da un trato especial a ningún alumno.	The teacher never **singles out** any student.
La seleccionaron para el nuevo puesto.	They **singled** her **out** for the new position.
¿La policía ya ha señalado a un sospechoso?	Has the police **singled out** a suspect yet?

430 **SIT BACK** /sssit bak/ — **SAT BACK** /sssat bak/ — **SAT BACK** /sssat bak/ — **RELAJARSE, RECOSTARSE**

Relájate y disfruta del espectáculo.	Sit back and enjoy the show.
Él se recostó pero lo cierto es que no pudo dejar de pensar en el problema.	He sat back but couldn't really take his mind off the problem.
Me he relajado toda la semana.	I've sat back all week.

431 **SIT DOWN** /sssit dáun/ — **SAT DOWN** /sssat dáun/ — **SAT DOWN** /sssat dáun/ — **SENTARSE**

Intento sentarme cuando me mareo.	I try to sit down when I get dizzy.
Él se sentó cuando la jueza lo ordenó.	He sat down when the judge told him to.
Estamos en el cine pero aún no nos hemos sentado.	We're in the cinema but we haven't sat down yet.

432 **SIT OUT** /sssitáut/ — **SAT OUT** /sssatáut/ — **SAT OUT** /sssatáut/ — **NO PARTICIPAR EN ALGO, AGUANTAR**

Creo que no voy a participar en esta.	I think I'm going to sit this one out.
Ya que habíamos pagado las entradas, aguantamos la película aburrida.	Since we had already paid for the tickets, we sat out the boring movie.
Él no ha participado en algunos partidos en lo que va de año.	He's sat out a couple of games so far this year.

433 **SIT THROUGH** /sssit zru/ — **SAT THROUGH** /sssat zru/ — **SAT THROUGH** /sssat zru/ — **PERMANECER SENTADO, AGUANTAR**

Siempre permanezco sentada durante todo el vuelo.	I always **sit through** the entire flight.
Su jefe le dio una charla desagradable y él permaneció sentado todo el tiempo.	His boss gave him a nasty speech and he **sat through** the whole thing.
¿Alguna vez has aguantado una sesión entera de charla política?	Have you ever **sat through** a whole session of political talk?

434 **SIT UP** /sssit aap/ — **SAT UP** /sssat aap/ — **SAT UP** /sssat aap/ — **INCORPORARSE**

¡Deja de encorvarte e incorpórate!	Stop slouching and **sit up** straight!
Él se incorporó una vez que empezaron a hablar de los nuevos proyectos.	He **sat up** once they started talking about the new projects.
Ella no se ha incorporado después de la operación. ¡Aún está demasiado débil!	She hasn't **sat up** after the surgery. She's still too weak!

435 **SLEEP IN** /ssslii pin/ — **SLEPT IN** /ssslep tin/ — **SLEPT IN** /ssslep tin/ — **DORMIR HASTA TARDE**

Ella siempre duerme hasta tarde los sábados.	She always **sleeps in** on Saturdays.
Ayer dormí hasta tarde porque era mi día libre.	I **slept in** yesterday because it was my day off.
No han dormido hasta tarde desde que nació su hijo.	They haven't **slept in** since their child was born.

436 **SLEEP ON** /sssliip on/ — **SLEPT ON** /ssslep ton/ — **SLEPT ON** /ssslep ton/

PENSÁRSELO, CONSULTARLO CON LA ALMOHADA

Deja que me lo piense y te doy una respuesta mañana.	Let me **sleep on** it and I'll give you an answer tomorrow.
Él se lo pensó y firmó el contrato al día siguiente.	He **slept on** it and singed the contract the following day.
Me lo he pensado y no creo que el proyecto sea económicamente viable.	I've **slept on** it and I don't think the project is financially viable.

437 **SLEEP OVER** /sssliip óuvvve(r)/ — **SLEPT OVER** /ssslep tóuvvve(r)/ — **SLEPT OVER** /ssslep tóuvvve(r)/

QUEDARSE A DORMIR

Sus hijos (de ella) son demasiado pequeños como para quedarse a dormir en casa de sus amigos.	Her kids are too young to **sleep over** at their friends' house.
Cuando era pequeña me quedaba a dormir en casa de mi tía.	When I was younger, I **slept over** at my aunt's.
¿Alguna vez te has quedado a dormir en casa de tus primos?	Have you ever **slept over** at your cousins' house?

438 **SLICE UP** /sssláisss aap/ — **SLICED UP** /sssláisss daap/ — **SLICED UP** /sssláisss daap/

CORTAR EN REBANADAS/ RODAJAS/LONCHAS

Corta el pan en rebanadas y ponlo en la cesta del pan.	**Slice up** the bread and put it into the breadbasket.
Él cortó los tomates en rodajas.	He **sliced up** the tomatoes.
Aún no han cortado el jamón en lonchas.	They haven't **sliced up** the ham yet.

439 SLIP AWAY — SLIPPED AWAY — SLIPPED AWAY

/ssslip auéi/ — /ssslip dauéi/ — /ssslip dauéi/

ESCURRIRSE, ESCABULLIRSE, DESVANECER, ESCAPAR

No dejes escapar esta oportunidad.	Don't let this chance **slip away**.
Cogí un pez (con las manos) pero se me escurrió.	I caught a fish but it **slipped away**.
Él se ha escabullido sin decir adiós.	He's **slipped away** without saying goodbye.

440 SLOW DOWN — SLOWED DOWN — SLOWED DOWN

/ssslóu dáun/ — /ssslóud dáun/ — /ssslóud dáun/

DESACELERAR, DISMINUIR LA VELOCIDAD/EL RITMO

Habla más despacio, ella no te entiende.	**Slow down**, she can't understand you.
Ella disminuyó la velocidad porque la señal marcaba 30 km/h.	She **slowed down** because the sign read 30 km/h.
¿Ella ha bajado el ritmo o sigue trabajando tantas horas?	Has she **slowed down** yet or is she still working crazy hours?

441 SOAK UP — SOAKED UP — SOAKED UP

/sssóu kap/ — /sssóuk dap/ — /sssóuk dap/

ABSORBER

Necesito vacaciones para absorber un poco el sol.	I need a holiday to **soak up** the sun.
La esponja absorbió todo el exceso de líquido.	The sponge **soaked up** all the excess liquid.
Pásame la fregona, el papel de cocina no ha absorbido todo el vino.	Pass me the mop, the kitchen roll hasn't **soaked up** all the wine.

442 **SORT OUT** /sssor táut/ | **SORTED OUT** /sssórti dáut/ | **SORTED OUT** /sssórti dáut/

ORDENAR, ARREGLAR, PREPARAR

Primero arregla tus problemas.	**Sort out** your problems first.
El organizador de la boda preparó la distribución de asientos.	The wedding planner **sorted out** the seating arrangements.
¿Has arreglado ya las cosas con tu hermana?	Have you **sorted** things **out** with your sister yet?

443 **SPEAK UP** /ssspiik aap/ | **SPOKE UP** /ssspóu kaap/ | **SPOKEN UP** /ssspóuken aap/

HABLAR MÁS ALTO, DAR UNA OPINIÓN

Habla más alto; no te oigo.	**Speak up**; I can't hear you.
Aunque ella era tímida, siempre daba su opinión en clase.	Even though she was shy, she always **spoke up** in class.
Ellos han dado su opinión durante la conferencia.	They've **spoken up** during the conference.

444 **SPEED UP** /ssspiid aap/ | **SPED* UP** /sssped aap/ | **SPED* UP** /sssped aap/

ACELERAR

Hablar con mi abogado puede que acelere el proceso.	Talking to my lawyer may **speed up** the process.
Aceleramos una vez entramos en la autopista.	We **sped up** once we got on the highway.
Ellos han acelerado una vez se han enterado de la nueva fecha de entrega.	They've **sped up** once they heard about the new deadline.

* También se acepta la forma **speeded**.

445 **SPELL OUT** /ssspe láut/ — **SPELLED* OUT** /ssspel dáut/ — **SPELLED OUT** /ssspel dáut/ — **DELETREAR**

¿Puedes deletrear tu apellido, por favor?	Can you **spell out** your last name, please?
Él deletreó su matrícula.	He **spelled out** his license plate number.
Ella nunca ha tenido que deletrear su nombre porque es muy común.	She's never had to **spell out** her name because it's very common.

* Salvo en inglés amerciano, en todas las demás modalidades del inglés, también se puede decir **spelt**.

446 **SPLIT UP** /ssspli taap/ — **SPLIT UP** /ssspli taap/ — **SPLIT UP** /ssspli taap/ — **SEPARARSE, DIVIDIR**

Creo que Beth y James se van a separar.	I think Beth and James are going to **split up**.
El cocinero dividió la comida en raciones iguales.	The cook **split up** the food into equal portions.
Ellos se han separado tras salir durante más de diez años.	They've **split up** after dating for over ten years.

447 **STAND BY** /ssstand bái/ — **STOOD BY** /ssstud bái/ — **STOOD BY** /ssstud bái/ — **APOYAR**

Los padres siempre apoyan a sus hijos.	Parents always **stand by** their children.
Ella le apoyó cuando él perdió a sus padres.	She **stood by** him when he lost his parents.
Siempre hemos apoyado a nuestros amigos en momentos difíciles.	We've always **stood by** our friends in times of need.

448 **STAND FOR** /ssstand foo(r)/ | **STOOD FOR** /ssstud foo(r)/ | **STOOD FOR** /ssstud foo(r)/

SIGNIFICAR, PRESENTARSE A, REPRESENTAR, ABOGAR

¿Qué significa esta abreviatura?	What does this abbreviation **stand for**?
Él se presentó como candidato a la presidencia.	He **stood for** president.
Mi profesora siempre ha abogado por la igualdad en su aula.	My teacher has always **stood for** equality in her classroom.

---

449 **STAND OUT** /ssstan dáut/ | **STOOD OUT** /ssstu dáut/ | **STOOD OUT** /ssstu dáut/

RESALTAR, SOBRESALIR, DESTACAR

Este color resalta tus ojos.	This color makes your eyes **stand out**.
Él sobresalió por su impecable desempeño.	He **stood out** because of his impeccable performance.
Su primo (de él) en realidad nunca ha destacado en un grupo.	His cousin has never really **stood out** in a crowd.

---

450 **STAND UP** /ssstan daap/ | **STOOD UP** /ssstu daap/ | **STOOD UP** /ssstu daap/

PONERSE DE PIE, LEVANTARSE

Antes de que la clase empiece, tenemos que levantarnos y recitar un poema.	Before class starts, we have to **stand up** and recite a poem.
Me levanté cuando una señora mayor se subió al autobús.	I **stood up** when an elderly woman got on the bus.
¿Cuánto tiempo llevas de pie?	How long have you been **standing up**?

451 **STAND UP FOR** /ssstan dápfoo(r)/ **STOOD UP FOR** /ssstu dápfoo(r)/ **STOOD UP FOR** /ssstu dápfoo(r)/ **DEFENDER**

Defiéndete si alguien te ofende.	Stand up for yourself if somebody offends you.
Él defendió a su hijo.	He stood up for his son.
Ellos han defendido sus derechos desde que empezó el conflicto laboral.	They've stood up for their rights since the labour dispute started.

452 **START UP** /ssstaaa(r) taap/ **STARTED UP** /ssstáaa(r)ti daap/ **STARTED UP** /ssstáaa(r)ti daap/ **PONER EN MARCHA, ARRANCAR, MONTAR**

Estoy casi lista. Arranca el coche.	I'm almost done. Start up the car.
Ella montó su propia compañía una vez que había ahorrado suficiente dinero.	She started up her own company once she'd saved enough money.
Ellos han montado dos compañías desde que se mudaron a España.	They've started up two companies since they moved to Spain.

453 **STAY AWAY** /ssstéi auéi/ **STAYED AWAY** /ssstéi dauéi/ **STAYED AWAY** /ssstéi dauéi/ **MANTENERSE ALEJADO, NO ASISTIR, AUSENTARSE**

¡Aléjate! ¡No te quiero volver a ver!	Stay away! I don't want to see you anymore!
Ella no asistió a su cumpleaños (de él).	She stayed away from his birthday.
Él no ha asisitido a dos reuniones este mes.	He's stayed away from two meetings this month.

454 **STAY IN** /ssstéi in/ — **STAYED IN** /ssstéi din/ — **STAYED IN** /ssstéi din/

PERMANECER EN, QUEDARSE EN

Permanece dentro y no abras la puerta.	Stay inside and don't open the door.
Se quedaron en casa cuando llovió.	They stayed in when it rained.
No me he quedado en casa desde que empezó el Oktoberfest.	I haven't stayed in since the Oktoberfest started.

455 **STAY UP** /ssstéi aap/ — **STAYED UP** /ssstéi daap/ — **STAYED UP** /ssstéi daap/

MANTENERSE DESPIERTO, QUEDARSE DESPIERTO

No te quedes despierto hasta muy tarde.	Don't stay up too late.
Se quedaron despiertos hasta las 5 de la mañana.	They stayed up until 5 a.m.
¿Alguna vez de has quedado despierto toda la noche viendo la ceremonia de los Óscar?	Have you ever stayed up all night watching the Oscar ceremony?

456 **STEP DOWN** /ssstep dáun/ — **STEPPED DOWN** /ssstept dáun/ — **STEPPED DOWN** /ssstept dáun/

RENUNCIAR, DIMITIR

Ellos piensan que él debería dimitir como portavoz de la compañía.	They think he should step down as the spokesperson of the company.
Ella renunció como CEO.	She stepped down as CEO.
Él ha dimitido de todos los cargos que ha ocupado.	He's stepped down from every post he held.

457 **STEP IN** | **STEPPED IN** | **STEPPED IN** | **INTERVENIR, INVOLUCRARSE**

/ssstep in/ | /ssstep din/ | /ssstep din/

Él se involucrará cuando vea que las negociaciones no llevan a ninguna parte.	He'll **step in** when he sees that the negotiations aren't going anywhere.
Mis padres siempre intervenían cuando mi hermano y yo discutíamos.	My parents always **stepped in** when my brother and I fought.
¿Alguna vez has intervenido cuando has visto una pelea?	Have you ever **stepped in** when you saw a fight?

458 **STICK TO** | **STUCK TO** | **STUCK TO** | **CEÑIRSE A, ATENERSE**

/ssstik tu/ | /ssstaak tu/ | /ssstaak tu/

No improvises y cíñete al plan original.	Don't improvise and **stick to** the original plan.
Él se atuvo a lo que le dijeron y todo salió bien.	He **stuck to** what he was told and everything worked out.
Yo siempre me he mantenido fiel a mi proyecto profesional.	I've always **stuck to** my career plan.

459 **STICK UP** | **STUCK UP** | **STUCK UP** | **DAR LA CARA POR, DEFENDER**

/sssti kaap/ | /ssstaa kaap/ | /ssstaa kaap/

Mi hermana siempre da la cara por mí.	My sister always **sticks up** for me.
Ella defendió a los niños más pequeños.	She **stuck up** for the smaller kids.
¿Alguna vez has dado la cara por alguien?	Have you ever **stuck up** for anybody?

460 **STIR UP** /sssti raap/ | **STIRRED UP** /ssstir daap/ | **STIRRED UP** /ssstir daap/ | **PROVOCAR, CAUSAR, SUSCITAR**

No metas cizaña.	Don't **stir up** trouble.
Ellos suscitaron un debate cuando comentaron sus ideas.	They **stirred up** a debate when stating their ideas.
Ella nunca ha provocado con sus comentarios porque es una persona muy tranquila.	She's never **stirred** things **up** because she's a very calm person.

461 **STOCK UP ON** /ssstoká pon/ | **STOCKED UP ON** /ssstok dápon/ | **STOCKED UP ON** /ssstok dápon/ | **PROVEERSE DE EXISTENCIAS, ABASTECERSE**

Tenemos que abastecernos de agua.	We have to **stock up on** water.
Ellos se abastecieron de comida cuando se enteraron del peligro de un tornado.	They **stocked up on** food when they heard about the tornado warning.
Mis abuelos siempre se han abastecido de conservas.	My grandparents have always **stocked up on** preserves.

462 **STRECH OUT** /ssstre cháut/ | **STRETCHED OUT** /ssstrech dáut/ | **STRETCHED OUT** /ssstrech dáut/ | **EXTENDER, ESTIRAR, DESPLEGAR**

Ella siempre extiende las toallas mientras él coloca la sombrilla.	She always **stretches out** the towels while he puts up the umbrella.
Él se estiró en el sofá después de un día largo en el trabajo.	He **stretched out** on the couch after a long workday.
Ellos han desplegado todas sus pertenencias en el mercado.	They've **stretched out** all their belongings in the market.

463 **SUM UP** /sssa map/ — **SUMMED UP** /sssam dap/ — **SUMMED UP** /sssam dap/ — **RESUMIR**

Para resumir, la compañía está ganando dinero.	To **sum up**, the company is making money.
Resumimos lo que habíamos hablado en la reunión.	We **summed up** what we'd talked about in the meeting.
¿Alguna vez has resumido una película en dos minutos?	Have you ever **summed up** a movie in two minutes?

464 **SURVIVE ON** /servvvái vvvon/ — **SURVIVED ON** /servvváivvv don/ — **SURVIVED ON** /servvváivvv don/ — **SOBREVIVIR**

Los padres primerizos sobreviven con muy poco sueño.	New parents **survive on** very little sleep.
Ella sobrevivió con poco dinero cuando se mudó a otro páis.	She **survived on** little money when she moved to another country.
Demasiada gente ha sobrevivido con demasiada poca agua.	Too many people have **survived on** too little water.

465 **SWITCH OFF** /sssuí chof/ — **SWITCHED OFF** /sssuích dof/ — **SWITCHED OFF** /sssuích dof/ — **APAGAR, DESCONECTAR**

Apaga la tele y vete a la cama.	**Switch off** the TV and go to bed.
Él apagó la radio y se fue a dormir.	He **switched off** the radio and went to bed.
He apagado la cafetera pero se me ha olvidado apagar la lavadora.	I've **switched off** the coffee machine but I've forgotten to switch off the washing machine.

466 **SWITCH ON** /sssuí chon/ | **SWITCHED ON** /sssuích don/ | **SWITCHED ON** /sssuích don/ — **ENCENDER, PONER**

Ella pone la radio cuando se levanta.	She **switches on** the radio when she gets up.
Él encendió la tele y se sentó en el sofá.	He **switched on** the TV and sat down on the couch.
¿Has encendido la calefacción? Hace calor aquí.	Have you **switched on** the heating? It's hot in here.

467 **TAKE AFTER** /téi káafte(r)/ | **TOOK AFTER** /tuk áafte(r)/ | **TAKEN AFTER** /téike náafte(r)/ — **ASEMEJARSE A, SALIR A**

Algunos niños se asemejan a sus abuelos.	Some kids **take after** their grandparents.
Mi hermano salió a mi abuela.	My brother **took after** my grandmother.
Yo no he salido a nadie de mi familia.	I haven't **taken after** anybody from my family.

468 **TAKE APART** /téi kapáa(r)t/ | **TOOK APART** /tuk apáa(r)t/ | **TAKEN APART** /téike napáa(r)t/ — **DESMONTAR, DESARMAR**

No desmontes el juguete porque no podrás volver a montarlo.	Don't **take** the toy **apart** because you won't be able to put it back together.
Él desmontó la cafetera para poder limpiarla.	He **took** the coffee machine **apart** so he could clean it.
¿Alguna vez has desarmado una radio?	Have you ever **taken** a radio **apart**?

469 **TAKE AWAY** /téi kauéi/ | **TOOK AWAY** /tuk auéi/ | **TAKEN AWAY** /téike nauéi/ | **QUITAR, RETIRAR**

Mi hermana a veces me quita los juguetes.	My sister sometimes **takes away** my toys.
La profesora retiró las chuletas de los alumnos.	The teacher **took away** the students' cheat sheets.
Los médicos han eliminado mucho dolor.	Doctors have **taken away** a lot of pain.

470 **TAKE BACK** /téik bek/ | **TOOK BACK** /tuk bek/ | **TAKEN BACK** /téiken bek/ | **RETIRAR, ACEPTAR DE VUELTA, DEVOLVER**

Retira lo que acabas de decir.	**Take back** what you just said.
Él aceptó a su marido de vuelta después de haberle sido infiel.	He **took back** his husband after he was unfaithful.
Ella ha devuelto todos los regalos porque no le han gustado.	She's **taken back** all the presents because she didn't like them.

471 **TAKE CARE OF** /téik kee(r)óf/ | **TOOK CARE OF** /tuk kee(r)óf/ | **TAKEN CARE OF** /téiken kee(r)óf/ | **CUIDAR DE, ENCARGARSE DE**

¿Puedes encargarte tú de esto?	Can you **take care of** this?
Ella cuidó de su madre.	She **took care of** her mother.
Él lleva encargándose de su familia desde que se fue su mujer.	He's been **taking care of** his family since his wife left.

472 **TAKE DOWN** /téik dáun/ | **TOOK DOWN** /tuk dáun/ | **TAKEN DOWN** /téiken dáun/ | **DESMONTAR, DESMANTELAR, APUNTAR, QUITAR**

Desmonta las estanterías primero.	**Take down** the shelves first.
Ella apuntó todos los detalles que le dio el policía.	She **took down** all the details the police officer gave her.
¿La policía ha desmantelado la organización criminal?	Has the police **taken down** the criminal organization?

473 **TAKE IN** /téi kín/ | **TOOK IN** /tu kin/ | **TAKEN IN** /téike nin/ | **INTERNALIZAR, DIGERIR, ESTRECHAR, ALBERGAR**

Eso es mucho para asimilar.	That's a lot to **take in**.
En tiempos de crisis, muchas familias albergaron a gente necesitada.	In times of crisis, many families **took in** people in need.
Le han estrechado su ropa (de ella) porque ha perdido mucho peso.	She's had her clothes **taken in** because she lost a lot of weight.

474 **TAKE OFF** /téi kof/ | **TOOK OFF** /tu kof/ | **TAKEN OFF** /téike nof/ | **QUITARSE, DESPEGAR, QUITAR**

Quítate la ropa mojada, ¡te pondrás malo!	**Take off** your wet clothes, you'll get sick!
El avión despegó puntual.	The plane **took off** on time.
¿Has quitado la olla del fuego?	Have you **taken** the pot **off** the heat?

475 **TAKE ON** /téi kon/ | **TOOK ON** /tu kon/ | **TAKEN ON** /téike non/ — **ACEPTAR EL DESAFÍO, CONTRATAR, ENFRENTARSE**

La compañía contrata empleados todas las semanas.	The company **takes on** employees every week.
Él aceptó el desafío del nuevo trabajo aunque no estaba preparado.	He **took on** the new job even though he was not prepared.
Nunca nos hemos enfrentado en una pelea.	We've never **taken on** a fight.

476 **TAKE OUT** /téi káut/ | **TOOK OUT** /tu káut/ | **TAKEN OUT** /téike náut/ — **SACAR, SALIR CON**

Saca la basura, por favor.	**Take out** the trash, please.
Él la invitó a salir.	He **took** her **out** on a date.
¿Has sacado al perro ya?	Have you **taken out** the dog yet?

477 **TAKE OVER** /téi kóuvvve(r)/ | **TOOK OVER** /tu kóuvvve(r)/ | **TAKEN OVER** /téike nóuvvve(r)/ — **ASUMIR, HACERSE CARGO**

¿Puedes hacerte cargo?	Can you **take over**?
Ella asumió el cargo de directora del hospital.	She **took over** as the director of the hospital.
He asumido el cargo de mi compañero.	I've **taken over** from my colleague.

478 **TAKE UP** /téi kaap/ — **TOOK UP** /tu kaap/ — **TAKEN UP** /téike naap/

COMENZAR, EMPEZAR

Estoy pensando en dedicarme a la esgrima.	I'm thinking about **taking up** fencing.
Él comenzó a montar a caballo cuando tenía diez años.	He **took up** horseback riding when he was ten.
Ellos no han empezado ningun hobby nuevo últimamente.	They haven't **taken up** any new hobbies lately.

479 **TALK BACK** /tok bek/ — **TALKED BACK** /tokt bek/ — **TALKED BACK** /tokt bek/

CONTESTAR (DE FORMA MALEDUCADA), SER IMPERTINENTE

¡No le contestes así a tu profesor!	Don't **talk back** to your teacher like that!
Ella era impertinente con sus padres cuando era pequeña.	She **talked back** to her parents when she was younger.
¿Alguna vez has contestado de forma maleducada a tus abuelos?	Have you ever **talked back** to your grandparents?

480 **TALK DOWN** /tok dáun/ — **TALKED DOWN** /tokt dáun/ — **TALKED DOWN** /tokt dáun/

HABLAR DE FORMA CONDESCENDIENTE, MENOSPRECIAR

Los profesores a veces hablan de forma condescendiente a sus alumnos.	Teachers sometimes **talk down** to their students.
Él menospreció a su hijo.	He **talked down** to his son.
Ella nunca ha hablado con aire de superioridad a nadie.	She's never **talked down** to anybody.

481 **TALK INTO** /to kíntu/ — **TALKED INTO** /tok tíntu/ — **TALKED INTO** /tok tíntu/

CONVENCER A ALGUIEN

Mis amigos siempre me convencen para tomar algo después del trabajo.	My friends always talk me into having a drink after work.
Él la convenció para comprar el piso.	He talked her into buying the apartment.
Ella no me ha convencido de nada. Lo decidí yo mismo.	She hasn't talked me into anything. I decided by myself.

482 **TALK OUT OF** /to káutof/ — **TALKED OUT OF** /tok táutof/ — **TALKED OUT OF** /tok táutof/

DESACONSEJAR A ALGUIEN

Su madre le desaconseja que deje su trabajo.	Her mother talks her out of quitting her job.
Desaconsejé a mi hija que se fuera de casa.	I talked my daughter out of moving out.
Nos han desaconsejado comprar una mascota.	They've talked us out of buying a pet.

483 **TALK OVER** /to kóuvvv(r)/ — **TALK OVER** /tok tóuvvve(r)/ — **TALK OVER** /tok tóuvvve(r)/

HABLAR, PISAR HABLANDO

Hablémoslo.	Let's talk this over.
Él habló de la situación con su jefe.	He talked the situation over with his boss.
Aún no hemos hablado las cosas pero lo haremos en algún momento.	We haven't talked things over yet but we will eventually.

484 **TEAR OFF** /te rof/ | **TORE OFF** /to rof/ | **TORN OFF** /tor nof/ | **ARRANCAR**

Ella arranca tiras de cera diariamente en su trabajo.	She **tears off** wax strips on a daily basis at her job.
Él arrancó la tirita.	He **tore off** the plaster.
Nunca he arrancado un póster.	I've never **torn off** a poster.

485 **TEAR OUT** /te ráut/ | **TORE OUT** /to ráut/ | **TORN OUT** /tor náut/ | **ARRANCAR (DE UN LIBRO, UNA REVISTA O SIMILAR)**

¿Puedes arrancar esta hoja, por favor?	Can you **tear out** this page, please?
Arrancaron la imagen porque les gustó.	They **tore out** the picture because they liked it.
Él nunca ha arrancado una hoja de un cuaderno.	He's never **torn** a page **out** of a notebook.

486 **TEAR UP** /te raap/ | **TORE UP** /to raap/ | **TORN UP** /tor naap/ | **ROMPER (PAPEL, TELA O SIMILAR)**

Siempre rompo mis documentos antes de tirarlos.	I always **tear up** my documents before throwing them away.
Ella estaba tan enfadada que rompió la carta de amor.	She was so mad that she **tore up** the love letter.
Parecía que el mago había roto el billete de 500 euros pero solo fue un truco de magia.	It seemed the magician had **torn up** the 500-euro bill, but it was just a magic trick.

487 TELL OFF | TOLD OFF | TOLD OFF — REGAÑAR, ECHAR LA BRONCA

/te lof/ | /tóul dof/ | /tóul dof/

Los padres a veces regañan a sus hijos.	Parents sometimes **tell** their kids **off**.
Mi jefe me llamó la atención por llegar tarde.	My boss **told** me **off** for being late.
Ella no les ha echado la bronca, pero sí les has dicho que no lo volvieran a hacer.	She hasn't **told** them **off** but she did tell them not to do it again.

488 THINK THROUGH | THOUGHT THROUGH | THOUGHT THROUGH — PENSÁRSELO

/zink zru/ | /zoot zru/ | /zoot zru/

No puedo decidir ahora, me lo tengo que pensar.	I can't decide now, I have to **think** it **through**.
Nos lo hemos pensado y compraremos la casa.	We **thought** it **through** and we will buy the house.
¿Te lo has pensado?	Have you **thought** it **through**?

489 THROW AWAY | THREW AWAY | THROWN AWAY — TIRAR

/zróu auéi/ | /zru auéi/ | /zróu nauéi/

Nunca tiran ropa, siempre la donan.	They never **throw** clothes **away**; they always donate them.
Él tiró la basura antes de ir a trabajar.	He **threw** the garbage **away** before going to work.
He tirado muchas cosas en mi vida.	I've **thrown away** a lot of things in my life.

490 **THROW OUT** | **THREW OUT** | **THROWN OUT** — **TIRAR, DESECHAR, EXPULSAR**

/zrou áut/ | /zru áut/ | /zróu náut/

Casi nunca tiro zapatos.	I hardly ever **throw out** shoes.
Han expulsado a su compañero de piso porque era desordenado.	They **threw** their roommate **out** because he was messy.
¿Has desechado la cena que ha sobrado?	Have you **thrown out** the leftover dinner?

491 **THROW UP** | **THREW UP** | **THROWN UP** — **VOMITAR, DEVOLVER**

/zrou aap/ | /zru aap/ | /zróu náap/

A él le cuesta mucho devolver.	He finds it very difficult to **throw up**.
El perro vomitó después de comer algo de la calle.	The dog **threw up** after eating something off the street.
Ella ha vomitado todos los días desde que se dio cuanta de que estaba embarazada.	She's **thrown up** every day since she realized she was pregnant.

492 **TIDY UP** | **TIDIED UP** | **TIDIED UP** — **RECOGER**

/táidi ap/ | /táidi dap/ | /táidi dap/

Venga clase, ¡recojamos!	Come on class, let's **tidy up**!
Los niños recogieron la casa antes de que llegaran sus padres.	The kids **tidied up** the house before their parents came home.
Él no ha recogido la cocina pero ha recogido su cuarto.	He hasn't **tidied up** the kitchen but he has **tidied up** his room.

493 TRY ON — TRIED ON — TRIED ON — PROBARSE

/trái on/ — /trái don/ — /trái don/

¿Quieres probarte la camisa?	Do you want to **try** the shirt **on**?
Él se probó los zapatos pero no le quedaban bien.	He **tried on** the shoes but they didn't fit.
¿Alguna vez se ha probado ella un vestido de novia?	Has she ever **tried on** a wedding dress?

494 TRY OUT — TRIED OUT — TRIED OUT — PROBAR, HACER UNA PRUEBA

/trái áut/ — /trái dáut/ — /trái dáut/

Vamos a probar el *kick-boxing*.	We're going to **try out** kick-boxing.
Él probó el snow pero prefiere esquiar.	He **tried out** snowboarding but he prefers skiing.
Ella nunca ha probado ningún deporte de balón.	She's never **tried out** any ball sports.

495 TURN AROUND — TURNED AROUND — TURNED AROUND — DARSE LA VUELTA

/tee(r)naráund/ — /tee(r)n daráund/ — /tee(r)n daráund/

Date la vuelta que tienes un bicho en el pelo.	**Turn around**, there is an bug in your hair.
Ella se dio la vuelta porque alguien la estaba llamando.	She **turned around** because somebody was calling her name.
Él aún no se ha dado la vuelta porque la sorpresa no está lista.	He hasn't **turned around** yet because the surprise isn't ready.

496 **TURN BACK** /tee(r)n bek/ — **TURNED BACK** /tee(r)nd bek/ — **TURNED BACK** /tee(r)nd bek/ — **VOLVER(SE), REGRESAR**

A veces él desea poder regresar en el tiempo.	Sometimes he wishes he could **turn back** time.
Iba a Sevilla pero me volví a mitad de camino.	I was going to Seville but I **turned back** halfway.
¿Has vuelto ya o todavía estás en la carretera?	Have you **turned back** yet or are you still on the highway?

497 **TURN DOWN** /teern dáun/ — **TURNED DOWN** /teend dáun/ — **TURNED DOWN** /teend dáun/ — **RECHAZAR**

No puedo rechazar esta oferta.	I can't **turn down** this offer.
Rechazamos la invitación al restaurante.	We **turned down** the invitation to the restaurant.
Él ha rechazado quedarse en la compañía aunque le hayan ofrecido más dinero.	He's **turned down** staying in the company even though they offered him more money.

498 **TURN INTO** /tee(r) níntu/ — **TURNED INTO** /tee(r)n díntu/ — **TURNED INTO** /tee(r)n díntu/ — **CONVERTIRSE**

¡Mira! ¡Voy a convertir este juguete en un pájaro!	Watch! I'm going to **turn** this toy **into** a bird!
El príncipe se convirtió en una rana.	The prince **turned into** a frog.
No puedo creer la persona en la que te has convertido.	I can't believe the person you've **turned into**.

499 TURN OFF — TURNED OFF — TURNED OFF — APAGAR

/tee(r) nof/ — /tee(r)n dof/ — /tee(r)n dof/

Apago mi portátil para ahorrar energía.	I **turn off** my laptop to save power.
Él apagó su teléfono.	He **turned off** his phone.
He apagado la alarma para hoy y mañana.	I've **turned off** the alarm for today and tomorrow.

500 TURN ON — TURNED ON — TURNED ON — ENCENDER

/tee(r) non/ — /tee(r)n don/ — /tee(r)n don/

¿Puedes enceder el horno, por favor?	Can you **turn on** the oven, please?
Ella encendió el móvil cuando se bajó del avión.	She **turned on** her phone when she got off the airplane.
Él ha encedido la calefacción porque hace frío.	He's **turned on** the heating because it's cold.

501 TURN OUT — TURNED OUT — TURNED OUT — RESULTAR

/tee(r) náut/ — /tee(r)n dáut/ — /tee(r)n dáut/

Resulta que todo es mentira.	**Turns out** the whole story is a lie.
Él resultó ser mucho peor comercial de lo que ellos creían que iba a ser.	He **turned out** to be a far worse salesperson than they thought he would be.
La noticia ha resultado ser falsa.	The news has **turned out** to be false.

502 **TURN OVER** | **TURNED OVER** | **TURNED OVER**

/tee(r) nóuvvve(r)/ /tee(r)n dóuvvve(r)/ /tee(r)n dóuvvve(r)/

DAR(SE) LA VUELTA

Cuando no puedo dormir, me doy la vuelta.	When I can't sleep I **turn over**.
Dieron la vuelta a la tortilla.	They **turned over** the omelette.
Ella se ha dado la vuelta tres veces porque no quiere quemarse.	She's **turned over** three times because she doesn't want to get a sunburn.

503 **TURN UP** | **TURNED UP** | **TURNED UP**

/tee(r) naap/ /tee(r)n daap/ /tee(r)n daap/

AUMENTAR, APARECER, SUBIR (LA MÚSICA)

¿Puedes subir el volumen?	Can you **turn up** the music?
Él apareció tarde, como siempre.	He **turned up** late, as always.
¿Alguna vez te has presentado mala en el trabajo?	Have you ever **turned up** ill to work?

504 **USE UP** | **USED UP** | **USED UP**

/iúus aap/ /iúus daap/ /iúus daap/

USAR (HASTA AGOTAR), TERMINAR

Cuando ella acaba con algo, siempre lo repone.	When she **uses** something **up**, she always replaces more.
¿Quién terminó el papel higiénico?	Who **used up** all the toilet paper?
Has agotado mi paciencia con tu comportamiento.	You've **used up** my patience with your behavior.

505 WAIT FOR — WAITED FOR — WAITED FOR — ESPERAR

/uéit foo(r)/ — /uéitid foo(r)/ — /uéitid foo(r)/

Siempre espero a mi novio para cenar juntos.	I always **wait for** my boyfriend to have dinner together.
¿Esperaste a tu amigo ayer?	Did you **wait for** your friend yesterday?
Han esperado horas para verle.	They've **waited for** hours to see him.

506 WAKE UP — WOKE UP — WOKEN UP — DESPERTAR

/uéi kaap/ — /uóu kaap/ — /uóuke naap/

Ella a veces se despierta por la noche.	She sometimes **wakes up** in the middle of the night.
¿A qué hora te despertaste ayer?	What time did you **wake up** yesterday?
Se acaban de despertar.	They've just **woken up**.

507 WALK AWAY — WALKED AWAY — WALKED AWAY — ALEJARSE, IRSE

/uookauéi/ — /uóok dauéi/ — /uóok dauéi/

A veces es mejor irse.	Sometimes it's better to just **walk away**.
Él se fue después de que nos despidiéramos.	He **walked away** after we said goodbye.
Me he alejado de muchos problemas.	I've **walked away** from so many problems.

508 **WALK IN** /uoo kin/ — **WALKED IN** /uook din/ — **WALKED IN** /uook din/ — **ENTRAR, METERSE**

Él entra en el restaurante cada tarde.	He **walks in** the restaurant every afternoon.
Ella entró sin llamar a la puerta.	She **walked in** without knocking.
¿Alguna vez has entrado a un concierto sin tener entrada?	Have you ever **walked into** a concert without having a ticket?

509 **WALK OUT (OF)** /uoo káut/ — **WALKED OUT (OF)** /uook daút/ — **WALKED OUT (OF)** /uook daút/ — **SALIR, IRSE**

La gente suele salir del avión muy despacio.	People usually **walk out of** the airplane very slowly.
Él dijo lo que quiso y se fue.	He said what he wanted and **walked out**.
Nunca hemos salido del cine en mitad de la película.	We've never **walked out** of the cinema in the middle of the movie.

510 **WARM UP** /uoo(r) maap/ — **WARMED UP** /uoo(r)m daap/ — **WARMED UP** /uoo(r)m daap/ — **CALENTARSE, CALENTAR**

Calienta antes de empezar a correr.	**Warm up** before you start running.
Él calentó la comida cuando llegó a casa.	He **warmed up** the food when he got home.
Ella ha entrado en calor después de enceder la calefacción.	She's **warmed up** after turning on the heating.

511 **WASH DOWN** **WASHED DOWN** **WASHED DOWN** **BAJAR (LA COMIDA), LAVAR A FONDO**

/uósh dáun/ /uóshd dáun/ /uóshd dáun/

A veces bajo la comida con un vaso de agua.	I sometimes **wash down** food with a glass of water.
Bajamos la comida con una botella de vino.	We **washed** dinner **down** with a bottle of wine.
Él ha lavado el coche a fondo despúes de conducir en el campo.	He's **washed down** the car after driving in the countryside.

512 **WASH OFF** **WASHED OFF** **WASHED OFF** **LAVAR ALGO, ENJUAGAR ALGO, QUITAR**

/uoshóf/ /uósh dof/ /uósh dof/

¿Esta pintura es resistente al agua? No la puedo quitar.	Is this paint waterproof? I can't **wash** it **off**.
Mi padre quitó la mancha.	My dad **washed off** the stain.
¿Has enjuagado toda la suciedad?	Have you **washed off** all the dirt?

513 **WASH OUT** **WASHED OUT** **WASHED OUT** **PERDER COLOR, LIMPIAR**

/uosháut/ /uósh dáut/ /uósh dáut/

La ropa de color rojo pierde color después de un par de lavados.	Red clothes **wash out** after a couple of washes.
Su pelo perdió color después de haberlo teñido de negro.	Her hair **washed out** after dying it black.
Le he limpiado el hocico a mi perro con jabón después de que comiera lo que no debía.	I've **washed** my dog's snout **out** with soap after he ate what he wasn't supposed to.

514 **WASH UP** /uosháap/ — **WASHED UP** /uósh daap/ — **WASHED UP** /uósh daap/

FREGAR, LAVAR LOS PLATOS

Él cocina y yo friego.	He cooks and I **wash up**.
Ella lavó los platos cuando llegó a casa.	She **washed up** when she got home.
¿Ya has fregado?	Have you **washed up** yet?

515 **WATCH OUT** /uocháut/ — **WATCHED OUT** /uóch dáut/ — **WATCHED OUT** /uóch dáut/

ESTAR ATENTO, VIGILAR, CUIDAR A

¡Estate atento! ¡Viene un coche!	**Watch out**! There's a car coming!
Todos cuidamos de él después de la tragedia.	We all **watched out** for him after the tragedy.
Ella ha cuidado de su hermana toda su vida.	She's **watched out** for her sister all her life.

516 **WATCH OVER** /uochóuvvve(r)/ — **WATCHED OVER** /uóch dóuvvve(r)/ — **WATCHED OVER** /uóch dóuvvve(r)/

VIGILAR, CUIDAR DE

Nuestro perro siempre vigila a nuestro bebé.	Our dog always **watches over** our newborn.
Él cuidó de sus hijos.	He **watched over** his kids.
Ellos nunca han cuidado de nadie.	They've never **watched over** anybody.

517 **WATER DOWN** /uoote(r) dáun/ | **WATERED DOWN** /uóote(r)d dáun/ | **WATERED DOWN** /uóote(r)d dáun/ — **DILUIR, REBAJAR**

A veces diluyo el zumo de manzana porque es demasiado dulce.	I sometimes **water down** apple juice because it's too sweet.
Ella rebajó el café.	She **watered down** the coffee.
¿Alguna vez has diluido una copa?	Have you ever **watered down** a drink?

518 **WEAR OFF** /uee(r)óf/ | **WORE OFF** /uoo(r)óf/ | **WORN OFF** /uóo(r) nóf/ — **PASARSE, DESAPARECER**

Después de la colonoscopia, su marido necesita quedarse aquí hasta que se le pase la anestesia del todo.	After the colonoscopy, your husband needs to stay here until the anesthesia **wears off** completely.
Los efectos de la anestesia general desaparecieron después de horas.	The effects of general anesthesia **wore off** after hours.
La subida de adrenalina por el accidente no se ha pasado todavía.	The adrenalin rush from the accident hasn't **worn off** yet.

519 **WEAR OUT** /uee(r)áut/ | **WORE OUT** /uoo(r)áut/ | **WORN OUT** /uóo náut/ — **AGOTAR, (DES)GASTARSE, DETERIORARSE**

Necesito tumbarme y descansar; estoy agotado después de haber corrido tanto.	I need to lie down and rest; I'm **worn out** after all that running.
Él desgastó cuatro pares de zapatos el año pasado.	He **wore out** four pairs of shoes last year.
Aila y Sofía han estado corriendo por el parque toda la tarde. Haber jugado tanto les ha agotado.	Aila and Sofía have been running around the park all afternoon. All that playing has **worn** them **out**.

520 **WEIGH UP** /ueiáap/ | **WEIGHED UP** /uéi daap/ | **WEIGHED UP** /uéi daap/ — **SOPESAR, CONSIDERAR**

Asegúrate de considerar las ventajas y desventajas antes de tomar una decisión.	Make sure you **weigh up** the advantages and disadvantages before making a decision.
Sally sopesó sus opciones antes de decidir pedir una reducción de jornada.	Sally **weighed up** her options before deciding to ask for a reduced work schedule.
¿Has considerado tus opciones?	Have you **weighed up** your options?

521 **WIN OVER** /uinóuvvve(r)/ | **WON OVER** /uó nóuvvve(r)/ | **WON OVER** /uó nóuvvve(r)/ — **CONVENCER, PERSUADIR, CONQUISTAR**

A pesar de tener unas ideas muy buenas, Thomas no logró persuadir al comité.	Despite having some great ideas, Thomas failed to **win** the committee **over**.
Paul era reacio a escribir el libro pero al final le convencí.	Paul was reluctant to write the book, but I finally **won** him **over**.
Ella ha conquistado a la junta directiva sugiriendo un cambio en la política de empresa.	She's **won** the board of directors **over** by suggesting a change in company policy.

522 **WIND UP** /uáin daap/ | **WOUND UP** /uáun daap/ | **WOUND UP** /uáun daap/ — **CHINCHAR, TOMAR EL PELO, REVENTAR**

Anda, venga. ¿No ves que solo te está tomando el pelo?	Oh, come on. Can't you see he's just **winding** you **up**?
Me puso muy nerviosa cuando Lisa dijo que los veterinarios no eran doctores de verdad.	It really **wound** me **up** when Lisa said that vets weren't real doctors.
Lucas ha chinchado a Isabella toda la tarde.	Lucas has **wound up** Isabella all afternoon.

523 WIPE OUT — WIPED OUT — WIPED OUT

/uái páut/ — /uáip dáut/ — /uáip dáut/

ERRADICAR, ACABAR CON, ELIMINAR, EXTERMINAR

¿Crees que las vacunas pueden acabar con las enfermedades?	Do you think vaccines can **wipe out** diseases?
Ciudades enteras fueron exterminadas por la Peste Negra.	Entire towns were **wiped out** by the Black Death.
¿La fuerza militar ha acabado con el terrorismo?	Have military forces **wiped out** terrorism?

524 WORK OUT — WORKED OUT — WORKED OUT

/uée(r) káut/ — /uée(r)k dáut/ — /uée(r)k dáut/

HACER EJERCICIO, ENTRENAR, SOLUCIONAR, SALIR BIEN

Ves, te dije que todo se iba a solucionar.	See, I told you everything would **work out**.
Hice ejercicio tres veces la semana pasada.	I **worked out** three times last week.
Todo ha salido bien con su ayuda.	Everything has **worked out** just fine with his help.

525 WRAP UP — WRAPPED UP — WRAPPED UP

/ra pap/ — /rap daap/ — /rap daap/

ABRIGARSE, TERMINAR

Terminemos esta reunión y volvamos al trabajo.	Let's **wrap up** this meeting and get back to work.
Abrigué bien al bebé cuando salí del hospital.	I **wrapped** the baby **up** well when I left the hospital.
Hace muchísimo frío hoy. ¿Te has abrigado?	It's freezing today. Have you **wrapped** yourself **up**?

526 **WRITE BACK** | **WROTE BACK** | **WRITTEN BACK** — **CONTESTAR, RESPONDER**

/ráit bak/ | /róut bak/ | /ritn bak/

Contesta a tu hermana. Ya ha mandado dos emails.	**Write back** to your sister. She's sent two emails already.
Después de considerar mis opciones escribí a RR.HH. y me contestaron enseguida.	After weighing up my options, I wrote to HR and they **wrote back** straight away.
Escribí un email a Peter el lunes preguntándole sobre el presupuesto pero aún no me ha contestado.	I emailed Peter on Monday asking him about the budget but he hasn't **written back** yet.

527 **WRITE DOWN** | **WROTE DOWN** | **WRITTEN DOWN** — **ANOTAR, APUNTAR**

/ráit dáun/ | /róut dáun/ | /ritn dáun/

Deja que anote tu número de teléfono, por favor.	Let me **write down** your phone number, please.
Apunté todo lo que dijo el CEO en la reunión.	I **wrote down** everything the CEO mentioned in the meeting.
El albañil ha anotado todas las medidas, pero se le ha olvidado medir la altura del techo.	The construction worker has **written down** all the measurements, but he forgot to measure the height of the ceiling.

528 **WRITE OFF** | **WROTE OFF** | **WRITTEN OFF** — **DECLARAR SINIESTRO TOTAL, DESCARTAR**

/rái tof/ | /róu tof/ | /rit nof/

El crítico de comida descarta algunos platos que a los clientes no les gustan.	The food critique **writes off** some dishes that the clients don't like.
La aseguradora declaró el coche siniestro total.	The insurance company **wrote** the car **off**.
Ella le ha descartado después de que le fuera infiel.	She's **written** him **off** after he cheated on her.

529 **WRITE UP** /rái daap/ — **WROTE UP** /róu daap/ — **WRITTEN UP** /ritnáap/ — **PASAR A LIMPIO**

Pasa esto a limpio por mí, por favor.	**Write** this **up** for me, please.
El alumno pasó a limpio sus apuntes después de clase.	The student **wrote** his notes **up** after class.
¿Has pasado a limpio los apuntes de biología ya?	Have you **written up** the biology notes yet?

530 **ZOOM IN** /suu min/ — **ZOOMED IN** /suum din/ — **ZOOMED IN** /suum din/ — **ACERCAR EL ZOOM, HACER ZOOM, AMPLIAR LA IMAGEN**

Asegúrate de acercar el zoom si la imagen está muy lejos.	Make sure you **zoom in** if the image is very far away.
Él amplió la imagen para conseguir una toma mejor.	He **zoomed in** to get a better shot.
¿Has ampliado la imagen?	Have you **zoomed in**?

531 **ZOOM OUT** /suu máut/ — **ZOOMED OUT** /suum dáut/ — **ZOOMED OUT** /suum dáut/ — **ALEJAR EL ZOOM, REDUCIR LA IMAGEN**

Puedes alejar el zoom si la imagen está demasiado cerca.	You can **zoom out** if the image is too close.
Ella alejó el zoom para contemplar la imagen entera.	She **zoomed out** to contemplate the whole image.
No he reducido la imagen aún. ¿Debería?	I haven't **zoomed out** yet. Should I?

ÍNDICE (ESPAÑOL-INGLÉS)

INDEX (INGLÉS-ESPAÑOL)